Edition shz
Aktiv Bus Flensburg GmbH
Gesellschaft für Flensburger Stadtgeschichte

Broder Schwensen/ Karl Wilhelm Lönneker

Bewegte Jahre.
Die Flensburger Straßenbahnen 1855 - 1973

Titelfoto: Hellmuth Mösken

edition sh:z
Schleswig-Holsteinischer Zeitungsverlag
Nikolaistraße 14
24937 Flensburg

Gestaltung: Horst Bartels
Vertrieb: Flying Kiwi Verlag, Jens Junge
Postfach 1520 - 24905 Flensburg
Druck: Harry Jung, Flensburg
1. Auflage 2001

ISBN 3-926055-56-1

Broder Schwensen/ Karl Wilhelm Lönneker

Bewegte Jahre.
Die Flensburger Straßenbahnen
1855 - 1973

Flensburg 2001

Kleine Reihe Band 32

Die „gute, alte Straßenbahn"!

„Ach, hätten wir sie doch noch unsere gute alte Straßenbahn!"
Allen Grund, wegen des Verlusts zu seufzen, hätten die Verkehrsplaner. Die Straßenbahn machte die Stadt groß und weit, erschloss neue Viertel.

Dieses Prinzip einmal in die Gegenwart weitergesponnen: Eine Straßenbahn bringt Studenten zu den modernen Hochschulen auf dem Sandberg, eine Flensburger Tram rollt durch Harrislees Süderstraße, hält am Markt ebenso wie am Bürgerhaus, Straßenbahn-Linie 8 nach Flensburg-Tarup, die 12 mit Endstation in der neuen Gartenstadt Weiche, ein schneller Vorortverkehr nach Wees!
Heute fährt beinahe aus jedem Viertel ein Bus in die Innenstadt. Aber der größte Konkurrent des öffentlichen Nahverkehrs ist das Auto. Es war symbolisch, das die einstige Straßenbahntrasse in der Mürwiker Straße zu einem Parkstreifen für Autos umgebaut wurde und die AFAG mangels Fahrgästen ihre Linie zum Hochschulgelände Sandberg einstellte, während Hunderte von Studentenautos die reichlich vorhandenen Parkplätze füllen. Die Aktiv-Bus, indirekte Nachfolgerin der Straßenbahn, ist auf den harten Weg der betriebswirtschaftlichen Eigenständigkeit geschickt worden. Damit das gelingt, damit diesem Buch nicht eines Tages ein Kapitel „Die einstigen Buslinien der Stadt" hinzugefügt werden muss, sollte das Auto zu Gunsten des Busses öfter mal stehen bleiben. Es nutzt der Umwelt und mit Blick auf die schwindelnde Höhe der Benzinpreise im Jahr 2001 auch der Geldbörse, wenn auch der öffentliche Nahverkehr Flensburgs nicht mehr das Erlebnis einer Fahrt mit der „guten alten Straßenbahn" zu bieten hat. Davon mehr auf den nächsten Seiten.

Gerhard Nowc
Leiter der Stadtredaktion
des Flensburger Tageblatts

Aktiv Bus Flensburg GmbH

Geschichte lebt! Als vor 120 Jahren die Pferdebahn ihr Depot in der Neustadt bezog, ahnte bestimmt niemand, wie sich die Verkehrswelt in den folgenden Jahrzehnten ändern würde. Dienten am Anfang Hafer und Heu als Primärenergie, folgte später Strom aus Kohle. Heute befördert die Aktiv Bus die Flensburger Bevölkerung mit modernen dieselbetriebenen Bussen, und der Weg zum ökologischen Rapsdiesel ist nicht mehr weit.

„Aktiv Bus"-Geschäftsführer Paul Hemkentokrax

Dieser Bildband ist besonders geeignet, auch die Arbeitsbedingungen der Frauen und Männer der ersten Tage und die stetigen Verbesserungen zu dokumentieren. Gleiches gilt für den Komfort der Fahrgäste. Waren sie am Anfang noch Wind und Wetter ausgesetzt, stehen nunmehr Niederflurtechnologie, bequeme Sitze, Thermopaneverglasung und Halogenbeleuchtung in den Fahrzeugen zur Verfügung. Selbstverständlich hat der technologische Fortschritt auch beim Beschleunigen und Bremsen nicht Halt gemacht. Statt Peitsche, Zügel und Sand sorgen heute ASR und ABS für die größtmögliche Sicherheit im Straßenverkehr. Heute können wir über die Widrigkeiten der damaligen Zeit und die Geschichten der alten Straßenbahner schmunzeln. Und dennoch: Wenn wir heute im Wettbewerb eine gute Ausgangsposition besitzen, haben wir das auch unseren Vorgängern zu verdanken. Schon früh gab es ein ausgezeichnetes Angebot, und als die Motorisierung zunahm, verlor Flensburg im Vergleich zu anderen Städten erheblich weniger Fahrgäste. Bereits damals erkannte die Bevölkerung den ÖPNV als echte Alternative. Mit unserem heutigen Angebot können wir uns durchaus mit Städten bis 250.000 Einwohnern vergleichen. Mit unserem Partner AFAG befördern wir in Flensburg nicht weniger als stolze 10 Millionen Fahrgäste im Jahr. Ihnen weiterhin ein hervorragender Dienstleister zu sein, ist unsere Verpflichtung.

Die Belegschaft der „Aktiv-Bus Flensburg GmbH" vor dem Bus-Depot, Apenrader Straße, 2001

Dr. Volker Willandsen

Gelebte und gestaltete Geschichte

Die „Gesellschaft für Flensburger Stadtgeschichte e.V." zählt unter ihren 1.200 Mitgliedern nicht wenige Flensburgerinnen und Flensburger, für die das Nahverkehrstransportmittel Straßenbahn noch einen alltäglichen Teil selbsterlebter Technik-Geschichte darstellt.

Häufig erinnert wird der Tag der Betriebseinstellung am 3. Juni 1973. Aber Sinn und Zweck der Flensburger Straßenbahnen, von denen während der vergangenen 150 Jahre gleich drei unterschiedliche Ausprägungen in unserer Stadt existierten, erschließen sich weniger durch eine Fokussierung auf das Ende als vielmehr durch eine Betrachtung und Vergegenwärtigung der Ausgangsbedingungen und der Gründungsintentionen.

Die Gesellschaft für Flensburger Stadtgeschichte dankt den beiden Autoren der nun vorliegenden Schrift für die historische Aufarbeitung, Herleitung und Darlegung der Flensburger Straßenbahn-Geschichte. Ebenso gilt der Dank dem Flensburger Stadtarchiv und Herrn Andreas Westphalen für die umfangreiche Bildrecherche und die gelungenen Bildreproduktionen.

Die Gesellschaft für Flensburger Stadtgeschichte hat überdies gern das Angebot zur Kooperation mit der Flensburger Aktiv Bus GmbH sowie mit dem Schleswig-Holsteinischen Zeitungsverlag wahrgenommen. Es ist ermutigend und dankenswert, wenn regionale Wirtschaftsbetriebe unserer Stadt wie in diesem Falle Kosten und Mühen übernehmen, um das kulturelle Erbe und damit gelebte und gestaltete Geschichte hiesiger Bürgerinnen und Bürger zu pflegen und zu tradieren.

Flensburg, im September 2001

Dr. Volker Willandsen
Präsident der Gesellschaft
für Flensburger Stadtgeschichte e.V.

Dr. Broder Schwensen

Karl Wilhelm Lönneker

Das Echo war überwältigend groß

Die Zeit der Elektrischen Flensburger Straßenbahn wird von nicht wenigen Bürgerinnen und Bürgern noch lebhaft erinnert: funkensprühende Fahrdrähte über den Straßen, in die Fahrbahnen eingelassene Geleise und Weichen, das Rasseln der langen Verbandstypwagen, das helle Kreischen der Spurkranzräder in enger Kurvenfahrt oder das „Klingeln" des Wagenführers bei Halt und Abfahrt sind vielen Bewohnern noch im Gedächtnis.

Derlei liebevolle Erinnerung ist verständlich, war dereinst doch jeder Flensburger Passagier der Straßenbahn. Die „Elektrische" gehörte zum Alltag, sie bildete bis in die 1950er Jahre das Rückgrat des innerstädtischen Personennahverkehrs, um dann jedoch endgültig gegenüber den flexibleren Autobussen ins Hintertreffen zu geraten.

1973 stellte die Flensburger Straßenbahn unter großer öffentlicher Anteilnahme und zum Leidwesen manches Technik-Freundes nach 65 Dienstjahren den Betrieb ein.

Es wäre jedoch unzutreffend, die Geschichte des innenstädtischen Schienenverkehrs allein auf die 1907 in Dienst gestellte elektrische Straßenbahn zu verengen. Tatsächlich verkehrten in Flensburg schon seit Mitte des 19. Jahrhunderts von Pferden gezogene Schienenwagen, - die Pferdehafenbahn und Flensburger Pferdestraßenbahn. Das vorliegende Buch berichtet über sämtliche drei „Flensburger Straßenbahnen".

Die Publikation wurde von Anbeginn als reich bebildertes Erinnerungsbuch konzipiert. Aus diesem Grunde wurde die Bevölkerung über die Presse um Mithilfe und um Abgabe privater Erinnerungsnotizen und -photos gebeten. Das Echo war überwältigend groß. Den vielen gebefreudigen Bürgerinnen und Bürgern sagen Autoren und Herausgeber an dieser Stelle ein herzliches Danke-Schön. Wenn aus Platzgründen nicht jede Anregung hier berücksichtigt werden konnte, bitten wir um Verständnis.

Flensburg, im September 2001

Dr. Broder Schwensen
Karl Wilhelm Lönneker

Inhalt

1. Pferdehafenbahn und Pferdestraßenbahn.

Früher innerstädtischer Gleisbahnverkehr in Flensburg (1855–1906)

Karl Wilhelm Lönneker

Der Gedanke, von Pferden gezogene Spurwagen auf festen Gleisstrecken für den Überland-Gütertransport einzusetzen, wurde in Deutschland erstmals 1831 mit der „Prinz-Wilhelm-Pferdeeisenbahn" realisiert, durch welche die Orte Steele und Vohwinkel in Westfalen verbunden wurden.[1] Nur ein Jahr später konnte zwischen Linz in Österreich und dem 127 km entfernten Budweis in Böhmen eine erste öffentliche Pferdebahn in Betrieb genommen werden, die neben Gütern nun auch Personen beförderte und bis 1870 existierte.[2] Und noch im gleichen Jahr, 1832, wurde in New York eine erste innerstädtische Pferdestraßenbahn eingerichtet.[3]

Diese Pionierleistungen auf dem Gebiet des Transportwesens fanden - parallel zum Aufkommen der technisch anspruchsvolleren Dampfeisenbahnen - zahlreiche Nachahmungen in ganz Europa. Insbesondere in den durch die Industrialisierung rasch wachsenden Städten wurden in der zweiten Hälfte des 19. Jahrhunderts Pferdebahnen installiert und bis zum Beginn des 20. Jahrhunderts betrieben.

So auch in Flensburg, wo nach 1855 sogar zwei voneinander unabhängige Pferdebahnen existierten, nämlich zunächst die „Pferdehafenbahn" für den Gütertransport und sodann die „Pferdestraßenbahn" für die innerstädtische Personenbeförderung.

Die erste Pferdebahn auf dem europäischen Festland für Güter- und Personenbeförderung verkehrte von 1832 bis 1870 zwischen Linz und Budweis (Sammlung Lönneker).

1.1 Die Flensburger Pferdehafenbahn (1855 - 1885)

Die Pferdehafenbahn bestand während 30 Jahren, von 1855 bis 1885, und verdankte ihr Entstehen der 1854 eröffneten Dampfeisenbahn-Verbindung von Flensburg nach Tönning. Diese von der „Flensburg-Husum-Tönninger Eisenbahngesellschaft" unter englischer Fachaufsicht gebaute Querbahn durch das Herzogtum Schleswig erlaubte fortan einen raschen Ferngüterumschlag zwischen der Nord- und Ostseeschifffahrt und ersparte die zeitaufwendige und gefährliche Umschiffung Skagens.

Die Bahnstrecke wurde rasch angenommen und schon ein Jahr später (1855) mußten die Flensburger Bahnanlagen an der Fördenspitze um den „Englischen Bahnhof" erweitert werden. Zugleich galt es, den zunehmenden Gütertransport zwischen dem Bahnhof und der Schiffbrücke zu bewältigen. Die Stadt Flensburg stellte daher Grund und Boden auf der Hafenwestseite kostenlos zur Verfügung, woraufhin hier die Eisenbahngesellschaft Geleise verlegte, auf denen seit 1855 mittels einer „Pferdehafenbahn" die Güterzubringung erfolgte.

Gleisverlauf der Pferdehafenbahn (re.) zwischen dem ehemaligen Dampfschiffpavillon und Englischen Bahnhof (Stadtarchiv Flensburg).

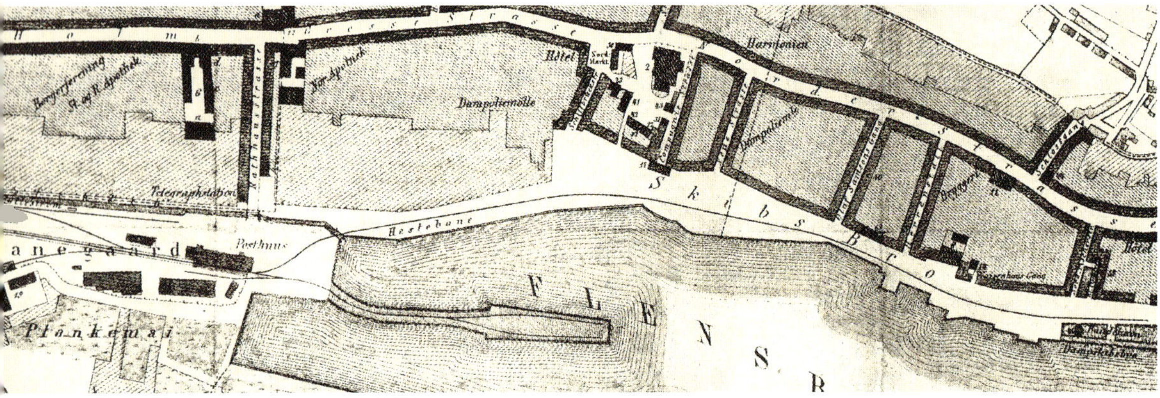

Gleisplan der Flensburger Pferdehafenbahn (1855-1885) auf der Hafenwestseite (Sammlung Lönneker).

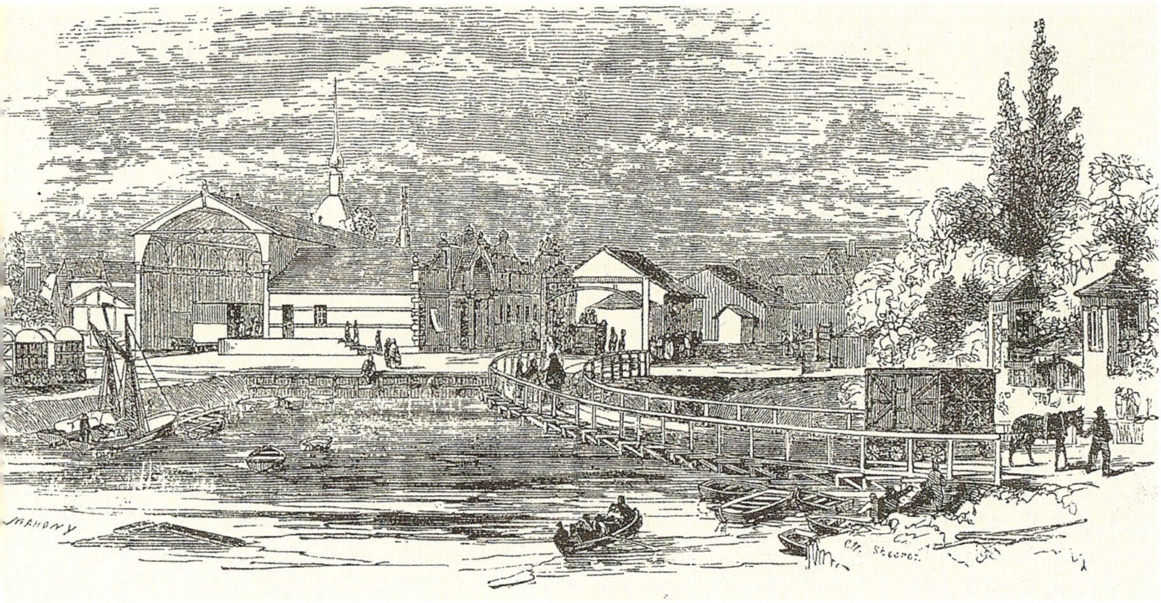

Pferdehafenbahn (1 Güterwagen, 1 Pferd, 1 Pferdeführer) verläßt den Englischen Bahnhof an der Flensburger Hafenspitze (Sammlung Lönneker).

Die benötigten Pferde standen am südlichen Bahnhofsende, gleich neben dem damals noch offenen Mühlenstrom, in einem „Pferdehaus" in Bereitschaft und wurden im Einsatzfall von „Rangierpferdeführern" betreut. Die „Hafenpferdebahn" bewährte sich im Alltag, bot aber immer wieder Anlaß zu Kontroversen mit privaten Fuhrleuten, die angebliche Beschädigungen ihrer Fuhrwerke durch die Hafenbahn geltend machten oder sich mit ihren Fuhrwerken ordnungswidrig auf die Geleise und damit der Hafenbahn in den Weg stellten.

Ursprünglich war das Befahren der Hafenbahngeleise ausschließlich Pferdebahnwagen vorbehalten worden. Trotz eines Verbotes und poli-

Pferdehafenbahn vor dem Kompagnietor (Städtische Museen Flensburg).

zeilicher Beanstandungen wurde die Strecke aus ökonomischen Gründen aber zunehmend häufiger auch mit Lokomotiven beschickt, wobei es auch zu Unfällen kam. Erst im Januar 1885 erklärte sich die Stadt Flensburg in einem Vertrag mit der Königlich-Preußischen Eisenbahndirektion Altona offiziell damit einverstanden, das Rangieren, Zuführen und Abholen der Güterwagen auf den Hafengleisen auch durch Lokomotiven erfolgen zu lassen. Dieses Zugeständnis bedeute zugleich das Ende der Flensburger „Pferdehafenbahn", die nach 30 Jahren ihren Betrieb einstellte.[4]

1.2 Die Flensburger Pferdestraßenbahn (1881 – 1906)

Hatte die Pferdehafenbahn dem hafenseitigen Gütertransport gedient, galt eine zweite in Flensburg betriebene Pferdebahn dem innerstädtischen Personentransport. Nachdem 1865 in Berlin die erste deutsche Pferdestraßenbahn ihren Betrieb aufgenommen hatte, trat der Potsdamer Bauunternehmer Carl Gülich von der Berliner Firma Reymer und Masch im Jahr 1880 an die Stadt Flensburg heran und bat um eine Konzession zum Bau einer Flensburger Pferdestraßenbahn.[5]

Der Flensburger Magistrat stand diesem Projekt zunächst skeptisch gegenüber. Bereits um 1870 hatte die Stadt in eigener Regie den Versuch gestartet, einen pferdebespannten Omnibusbetrieb in Flensburg einzuführen. Dieses Unterfangen blieb jedoch stark defizitär und mußte daher umgehend eingestellt werden.[6]

Aufgrund dieser Erfahrungen fürchtete die Stadt Flensburg, nach der Konzessionierung einer Pferdebahn für etwaige Verluste einstehen zu müssen. Mit Nachdruck wies demgegenüber Gülich auf die guten und auch lukrativen Erfahrungen mit Pferdestraßenbahnen in anderen Städten hin und beteuerte die Leistungsfähigkeit und Innovativkraft seiner Firma. Die gleichwohl noch schwankende Stadtverwaltung holte Erfahrungsberichte aus Kiel und Hamburg ein, ließ von der örtlichen Bauverwaltung und Polizei Gutachten abfassen und beschaffte sich zu Vergleichszwecken Musterkonzessionsverträge sowie Fahr- und Tarifpläne aus anderen Städten. Erst nachdem man sich derart versichert hatte, daß die Stadt keinen finanziellen Nachteil von einem derartigen Unternehmen zu befürchten brauchte, schloß die Stadt Flensburg am 8. Januar 1881 mit der Berliner Baufirma einen Konzessionsvertrag für den Bau und Betrieb einer „Flensburger Pferdestraßenbahn". In dem Vertrag hieß es u.a.:

„§ 1.
Die Unternehmer erhalten das Recht, in folgenden Straßen der Stadt, nämlich
der Angelburgerstraße
dem Südermarkt
dem Kattsund
dem Holm
der Großenstraße
der Norderstraße und
der Neustadt bis zum Anfang
der Apenrader Chaussee
eine Pferdebahn auf Grundlage der eingelieferten Pläne und nach Maßgabe der angehefteten Bedingungen anzulegen und zu betreiben (...)

§ 2
Die Koncessionsdauer (...) beträgt 25 Jahre, vom Tage der Betriebs-Eröffnung angerechnet; die Koncession gilt als stillschweigend auf 5 Jahre verlängert, wenn nicht ein Jahr vor Ablauf derselben, dieselbe geändert ist.
(...)

§ 5
Die Unternehmer sind verpflichtet, den Straßenkörper innerhalb der Gleise und auf eine Entfernung von 0,60 Meter außerhalb der äußersten Schienenkante stets in tadellosem d.h. dem übrigen Bestand der Straße entsprechenden Stand zu erhalten. Kommen sie dieser Verpflichtung nicht nach, so ist der Magistrat befugt, den bestehenden Mängeln auf ihre Kosten abzuhelfen.

§ 6
Die zu erlassenden Tarife für die Benutzung der Pferdebahn unterliegen der Genehmigung des Magistrats.

§ 7
Die Ausführung der Bahn soll derartig gefördert werden dass selbige innerhalb 2 Monaten, vom Tage der Unterzeichnung des Vertrages angerechnet, in Betrieb gesetzt werden kann (...)
So geschehen Flensburg , den 8. Jan. 1881."[7]

Am 24. März 1881 wurde daraufhin die „Flensburger Strassenbahn-Actien-Gesellschaft" gegründet, die als Direktionsgebäude, Wagen-Depot und Pferde-Stall die vormalige Apidam Stärke-Fabrik in der damals sogenannten Apenrader Chaussee 17 erwarb (gegenüber dem heutigen Busdepot der Aktiv Bus Flensburg GmbH, 1982 abgebrochen).[8]
Als Personalstamm wurden 22 Personen eingestellt: ein Inspektor, acht Conducteure, acht Kutscher, ein Schmied, drei Stallknechte und ein Nachtwächter. Der Fuhrpark bestand zunächst aus sechs Wagen, als wechselnde Zugtiere standen 28 Pferde zur Verfügung, für deren Fütterung sechs Hektar Weideland angekauft wurden.
Derart vorbereitet, konnte nach einer kurzen Planungs- und Bauzeit der Fahrbetrieb am 1. Mai 1881 feierlich eröffnet werden. Die Strecke verlief zunächst von der Apenrader Chaussee Nr. 17 durch die Neustadt, Norderstraße, Große Straße bis zur Rathausstraße, wurde aber nur zwei Monate später über den Holm bis zur Eisenbahnbrücke in der Angelburgerstraße weitergeführt. Die 3 Kilometer lange Trasse war eingleisig verlegt, verfügte jedoch für den Begegnungsverkehr über Ausweichstellen

Gleisplan (gelbe Linie) der Pferdestraßenbahn. Bis 1889 verlief die Trasse vom Depot Apenraderstraße bis zur Eisenbahnbrücke Angelburgerstraße. Anschließend wurde die Strecke bis zum Gebäude Angelburgerstraße 8 verkürzt (Stadtarchiv Flensburg XIV K/P 979, Umzeichnung).

Vorbereitet für den Abendverkehr: mit Petroleumlampen ausgerüstete Pferdebahnwagen im Depot Apenraderstraße (Stadtarchiv Flensburg).

in der Neustadt, der Norderstraße, der Große Straße und der Angelburger Straße. Die Bahn verkehrte im Acht-Minuten-Takt täglich zwischen 7.30 Uhr bis 23.30 Uhr, der Einheitstarif betrug 10 Pfennige. Die normale „Antriebskraft" je Wagen war exakt 1 PS – nämlich ein Zugpferd. Bei widrigen Umständen konnten aber auch zwei Pferde vor einem Straßenbahnwagen gespannt werden.

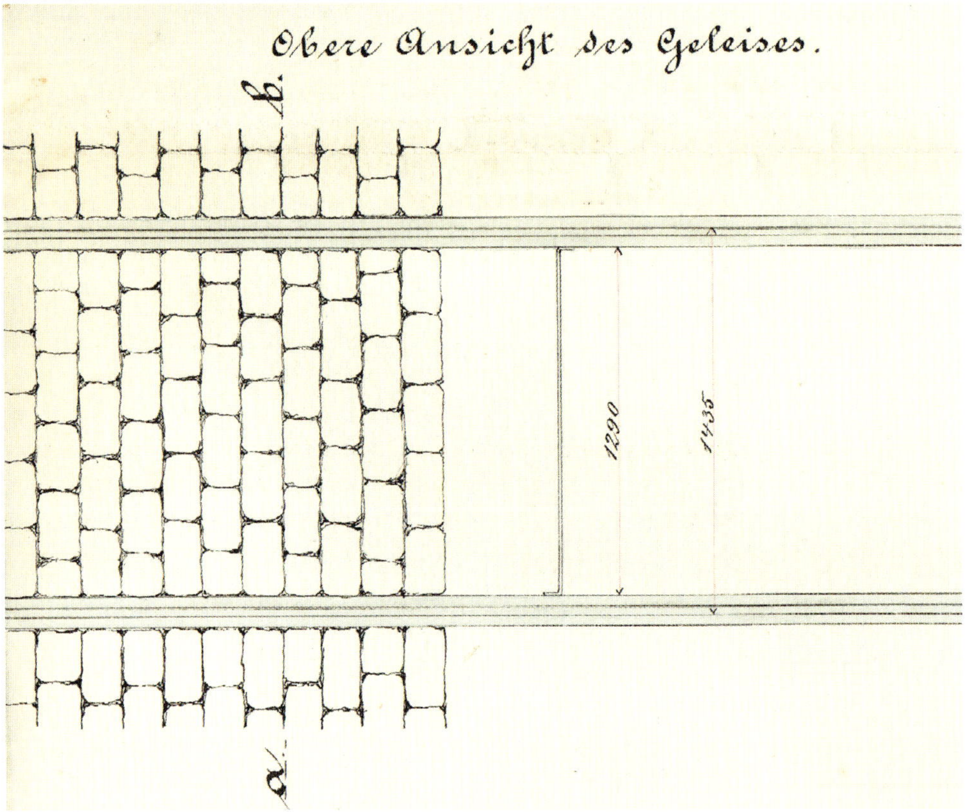

Flensburger Pferdebahn 1881: Gleisaufsicht, 1435 mm Normalspur (Stadtarchiv Flensburg).

Schienenprofil-Zeichnung der Flensburger Pferdebahn (Stadtarchiv Flensburg).

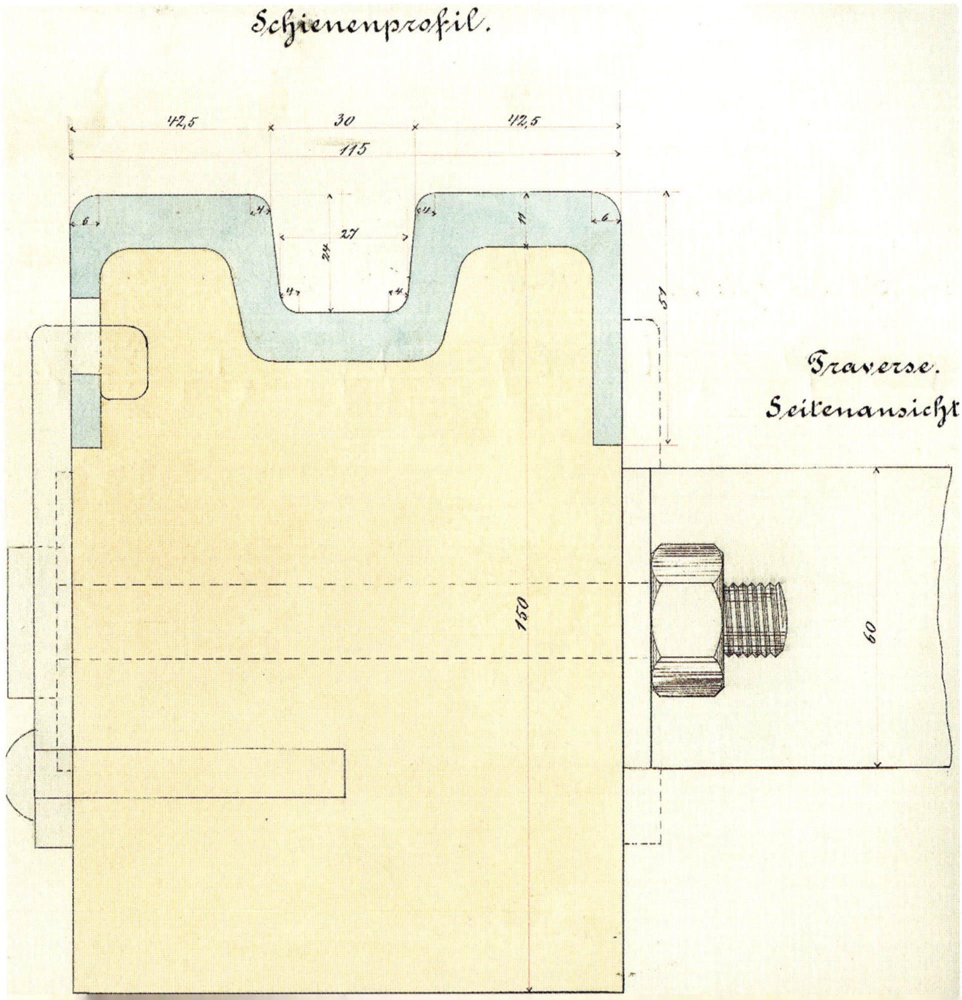

Betriebspersonal mit Vorstand Johannsen (mi.) vor dem Pferdebahndepot, 1881 (Stadtarchiv Flensburg).

Abfahrbereit in der Neustadt (Stadtarchiv Flensburg).

Ausweichgleis. Begegnung zweier entgegenkommender Pferdebahnwagen in der Neustadt (Stadtarchiv Flensburg).

Der Zeitzeuge Johannes Lassen schrieb 1974 in seinen Jugenderinnerungen an die Flensburger Pferdebahn:

„Diese waren mit 1 bis 10 gekennzeichnet und nur mit einem Pferd bespannt (...) Nur der Wagen Nr. 11 hatte 2 Pferde (...) Direktor Franke kontrollierte zu Fuß am Tag seine Männer. An jeder Weiche prüfte er, ob auch der Fahrplan eingehalten wurde."[9]

Zwecks Gwährleistung eines geregelten und sicheren Verkehrs hatte die Flensburger Polizeiverwaltung eine ausgeklügelte Betriebsverordnung für die „Pferde-Eisenbahn in Flensburg" erlassen, in der es u.a. hieß:

„§ 1
Beim Ertönen der Bahnsignale hat das Publikum sich überall von der Bahn zu entfernen. Reiter und Fuhrwerke haben den Pferdebahn-Wagen auszuweichen.

§ 2
Das Abladen von Holz, Steinen und sonstigen Gegenständen auf dem Bahnkörper sowie neben demselben innerhalb der Entfernung von 1 m von der äußeren Seite der Schienen ist untersagt.
(...)

§ 3
Das Tabak- und Cigarren- Rauchen ist nur auf den Außenplätzen gestattet.

§4
Das Lärmen und Singen der Fahrgäste ist untersagt.

§ 5
Das tarifmäßige Fahrgeld ist beim Einsteigen der Fahrgäste zu erlegen.
(...)
Uebertretungen der vorstehenden Bestimmungen werden mit Geldstrafe bis zu 9 Mk. event. entsprechender Haft geahndet, soweit nicht im Strafgesetzbuch für das Deutsche Reich höhere Strafen angedroht sind.
Die Polizeiverwaltung."[10]

Die Benutzung der Pferdestraßenbahn war bequem, sparte aber kaum Zeit, da die Pferde im gemächlichen Schritt-Tempo dahinzockelten. Zudem verfügte die Pferdebahn über keine festen Haltestellen: Auf das Handzeichen schon eines einzelnen Passagiers hielt der Wagen auf der gesamten Strecke zum Zwecke des Zu- oder Ausstiegs an. Man wußte also nie genau, wie lange eine Fahrt tatsächlich dauern würde.
So wundert es nicht, wenn schon bald manch freundliche Spöttelei über die Pferdestraßenbahn kursierte:

In der Neustadt ruft der Pferdebahnkutscher dem Postboten zu:
„Na, Hannes, willst Du heute nicht mitfahren?"
Darauf der Postbote ganz diensteifrig:
„Nein, heute habe ich es eilig!"

Zwei Herren warten am Nordertor auf die Pferdebahn.
„Endlich, sie kommt, sie kommt! Ich kann sie schon dahinten sehen!"
Darauf der andere Herr:
„Dahinten sehe ich sie schon den ganzen Vormittag!"

Eingleisig führte die Strecke durch das Nordertor (Stadtarchiv Flensburg).

Pferdebahn passiert Einmündung der Toosbüystraße in die Norderstraße, nach 1900 (Arkiv ved Dansk Centralbibliotek).

Ungeduldige Dame auf dem Südermarkt zum Kondukteur:
„Wann kommt denn endlich die Pferdebahn? Ich habe heute extra ein Retourbillet!" „Beruhigen Sie sich doch, meine Dame, das Billet hat schließlich eine Gültigkeit von vier Wochen."

Andere ersonnen schelmische Spottverse:

„Ach, man fährt gemütlich
Auf der Pferdebahn.
Das eine Pferd, das zieht nicht,
Das andre, das ist lahm.
Der Kondukteur, der hört schwer,
Der Kutscher kann nicht sehn,
und alle fünf Minuten,
da bleibt die Karre stehn."[11]

Tatsächlich ließ sich die erste, gewiß auch von Neugier bestimmte Begeisterung des Publikums nicht dauerhaft erhalten. Im ersten Geschäftsjahr wurden eine halbe Million Personen befördert, im nächsten Jahr waren es bereits 30.000 Passagiere weniger. Konnten im ersten Jahr noch zwei Prozent Dividende ausgezahlt werden, so arbeitete die Gesellschaft in den Folgejahren ohne Gewinn.[12] Der unrentable Betrieb wurde daher 1889 geändert. Die Leitung übernahm nun Direktor Kuhrt, ein erfahrener Verkehrsexperte, der beim Bau der Eisenbahnstrecke Flensburg-Kiel sowie fast aller Kleinbahnen im Landesteil Schleswig beteiligt und Eigentümer der Munkmarsch-Westerländer Kleinbahn auf Sylt war. Der Betrieb wurde von 1435mm-Normalspur auf 1000mm-Schmalspur umgebaut. Somit konnten leichtere und kleinere Waggons angeschafft werden. Die Strecke wurde in der Angelburger Straße von der Eisenbahnbrücke bis zum Haus Nr. 8 verkürzt, ein 5-Minutentakt eingeführt und die Wagen unter Verzicht auf den Schaffner auf Ein-Mann-Betrieb umgestellt: vorn lenkte der Kutscher den Pferdewagen, und die Passagiere waren gehalten, den Fahrpreis von 10 Pfennigen von sich aus in die Zahlbüchse zu stecken.

Außerdem wurde 1897 der Pferdebahn-Gesellschaft seitens der Stadt die Zahlung von bis dahin jährlich zu entrichtenden Straßenreinigungskosten erlassen. Dies senkte abermals die laufenden Betriebskosten, wenn auch im Gegenzug fortan die Diakonissen und städtischen Polizeibeamten auf dem Vorderperron umsonst mitfahren durften.[13]

Die oben genannten Maßnahmen, aber auch der stetige Personen-Zuzug nach Flensburg und eine rege Geschäftigkeit in der Stadt verbesserten die Ertragslage der Pferdebahngesellschaft nachhaltig, so daß nach 1900 regelmäßig eine Dividende von 5 Prozent ausgeschüttet werden konnte.

Es war daher kein Wunder, daß der Magistrat nach der Jahrhundertwende den Gedanken verfolgte, eine lukrative Straßenbahn in eigener Regie zu führen, weshalb man im Dezember 1904 der Pferdebahn-Gesellschaft zum 1. April 1906, dem Ablauftag der auf 25 Jahre erteilten Konzession, kündigte.

In der Großen Straße (Arkiv ved Dansk Centralbibliotek).

Festgefahren. Pferdebahnwagen Nr. 4 gerät in der Großen Straße in den Festumzug der FSG anläßlich des 100. Schiffsneubaus, 1889 (Arkiv ved Dansk Centralbibliotek).

Pferdebahn-Vorstand Gustav Johannsen im trauten Gespräch mit einem vierbeinigen Mitarbeiter, 1881 (Stadtarchiv Flensburg).

Ecke Rathausstraße/ Holm, nach 1883 (Sammlung Lönneker).

Endstation Angelburgerstraße an der Eisenbahnüberführung, vor 1889 (Stadtarchiv Flensburg).

Endstation Angelburgerstraße 8, nach 1889 (Sammlung Henningsen).

Direktor Emil Hyronimus Kuhrt , 1848-1909 (Stadtarchiv Flensburg).

Die Pferdebahn fuhr bei jedem Wetter: Wagen Nr. 6 durchquert die überflutete Neustadt, 1904 (Stadtarchiv Flensburg).

Einer der letzten Pferdebahn-Fahrscheine, 1906 (Stadtarchiv Flensburg).

An die Nutzung von Pferden als Last- und Zugtiere erinnert in Flensburg u. a. der Schmuckkopf am Gebäude Hafendamm 32 (Sammlung Lönneker).

2. Die Elektrische Straßenbahn in Flensburg (1907 – 1973)

Broder Schwensen

Die Konzessions-Kündigung des Flensburger Magistrats für die Pferdebahn diente nicht allein einer städtischen Übernahme der innerstädtischen Personenbeförderung, sondern zugleich der Ersetzung einer überholten Beförderungstechnik durch ein innovatives, nämlich motorisiertes Verkehrsmittel.

Spätestens nach der Jahrhundertwende waren die Nachteile von Pferdebahnen gegenüber motorisierten Systemen allgemein zutage getreten: Die Pferdebahnen war zu langsam, die Zugtiere verunreinigten die Straßen, die Zugkraft bei maximal zwei vorgespannten Tieren erwies sich bei der Überwindung größerer Steigungen als unzureichend, und der betriebswirtschaftliche Ertrag blieb begrenzt.

Konkurrierende Antriebssysteme mittels Dampf, Gas, Druckluft, Elektrizität oder Kabelzügen wurden daher entwickelt, die in der Regel leistungsstärker, und – mit Ausnahme des Druckluftsystems – auch wirtschaftlicher waren.

Als zukunftsweisend sollte sich die Entwicklung der elektrischen Antriebssysteme erweisen. Eine erste elektrische Bahn mit einer kleinen, von Siemens entwickelten elektrischen Lokomotive wurde schon 1879 auf der Berliner Gewerbeausstellung vorgeführt. Die erste elektrische Straßenbahn der Welt, wiederum von Siemens gebaut, konnte bereits

Flensburg im Zeichen des technischen Wandels: Von der Pferdebahn zur elektrischen Straßenbahn (Stadtarchiv Flensburg).

Erste elektrische Straßenbahn in Berlin-Lichterfelde, April 1881 (Ullstein-Bild 00012794.0001)

1881 in Lichterfelde bei Berlin ihren Betrieb aufnehmen, wobei die Stromzuführung zunächst durch die beiden Fahrschienen erfolgte. Die Betriebssicherheit erhöhte sich deutlich, als erstmals 1884 in Frankfurt am Main elektrische Straßenbahnen mit eindrähtiger Oberleitung und Stromrückführung über die Fahrschienen eingesetzt wurden. 1891 folgte in Halle a.d. Saale erstmals die Kraftübertragung vom Fahrdraht per Rollenstromabnehner. Es blieb jedoch dem 1899 von Reichel erfundenen (Scheren-) Bügelstromabnehmer vorbehalten, sich nach der Jahrhundertwende als Standard durchzusetzen.[14]

Die Errichtung eines Elektrizitätswerks schuf nach 1894 auch in Flensburg die Voraussetzungen für den Betrieb einer elektrischen Straßenbahn (Stadtarchiv Flensburg).

2.1 Planung und Vorbereitung (1894 – 1906)

Der visionäre Gedanke, auch in Flensburg eine elektrische Straßenbahn zu betreiben, war am Ort seit 1894 in der Diskussion, und 1899 wurde in einer Bürgerschaftsversammlung mittels eines Fachvortrages ein breites Publikum über die Vorzüge des „elektrischen Straßenbahnsystems" aufgeklärt.

Auch in Flensburg, wo man seit 1894 über ein E-Werk verfügte, wurde die Einführung eines stadteigenen elektrischen Bahn-Systems favorisiert, nachdem die Erfahrungen anderer Städte die Aussicht auf einen profitablen Betrieb nährten. Nach der 1904 erfolgten Kündigung der 1906 auslaufenden Pferdebahn-Konzession hatte die Stadt Flensburg daher mit den städtischen Werken Bielefeld Verbindung aufgenommen und sich beim dortigen Direktor Brüggemann für den geplanten Bau einer elektrischen Straßenbahn fachmännischen Rat eingeholt. Bald wurde eine Straßenbahnkommission des Flensburger Magistrats gegründet, und am 5. April 1905 stellte die Stadt Willibald Roth als leitenden Ingenieur für die Einrichtung der Bahn ein, der sich als Maschinenbaufachmann und als vereidigter Landmesser im württembergischen Staatsdienst für diese Herausforderung qualifiziert hatte. Am 18. September 1905 trat Roth seinen Dienst an und übernahm die Leitung des Baubüros für die städtische Straßenbahn, das zunächst als besondere Abteilung des Tiefbauamtes eingerichtet wurde.[15]

Erste Überlegungen galten der künftigen Trassierung. Während der Anhörung im Jahre 1899 waren zunächst Pläne dargelegt worden, die von einer „Ringbahn"-Strecke anstatt der bestehenden Längsbahn ausgingen. Als Verlauf war angedacht: Neustadt-Schiffbrücke-Rathausstraße-Südergraben-Stuhrsallee-Wrangelstraße-Duburger Straße-Neustadt.

Diese Überlegung vermochte sich jedoch nicht allgemein durchzusetzen, vielmehr traten hinsichtlich der Streckenführung bald innerörtliche Konkurrenzen offen zu Tage. So bezeichnete der Kommunalverein St. Nikolai Überlegungen als „Unverschämtheit", die eine Straßenbahnanbindung des Nordwestens über die Toosbüystraße oder den Nordergraben nahelegten, während die Gegend um die Friesische Straße und Mathildenstraße gar nicht berücksichtigt wurde. Nicht weniger scharf entgegnete daraufhin der Kommunalverein Duburg, der Süden der Stadt sei immer bevorzugt worden und die Stellungnahme des Kommunalvereins St. Nikolai sei von „unbegründetem Neid" bestimmt.[16]

Die städtische Straßenbahn-Kommission verzichtete schließlich für die Erst-Trassierung auf ein ausgreifendes Streckennetz und beschloß, zunächst der Linie der alten Pferdebahn zu folgen, allerdings die neue elektrische Bahn nach beiden Richtungen, über den Hafermarkt hinaus in die Bismarckstraße und im Norden bis zur Terrassenstraße hin, zu verlängern.[17]

Am 3. Oktober 1906 wurde sodann in der Angelburger Straße mit dem Abbruch der Pferdebahn, die sich seit 1905 in Liquidation befand, und der

Ausbildung Flensburger Straßenbahner in Bielefeld, 1907. In der ersten Reihe vorn ganz links: Fahrdienstleiter Heinrich Krob, der von Bielefeld nach Flensburg übersiedelte (Stadtarchiv Flensburg).

Verlegung der neuen Geleise begonnen, – begleitet von steten Auseinandersetzungen mit dem letzten Pferdebahnunternehmer Kapitän Nielsen, der seinen Betrieb solange wie möglich aufrecht zu erhalten versuchte. Weiter nach Norden vorangetrieben, stieß die Gleisverlegung auf weitere Hindernisse. Eine Hauptschwierigkeit stellte etwa die Passage des Norder-

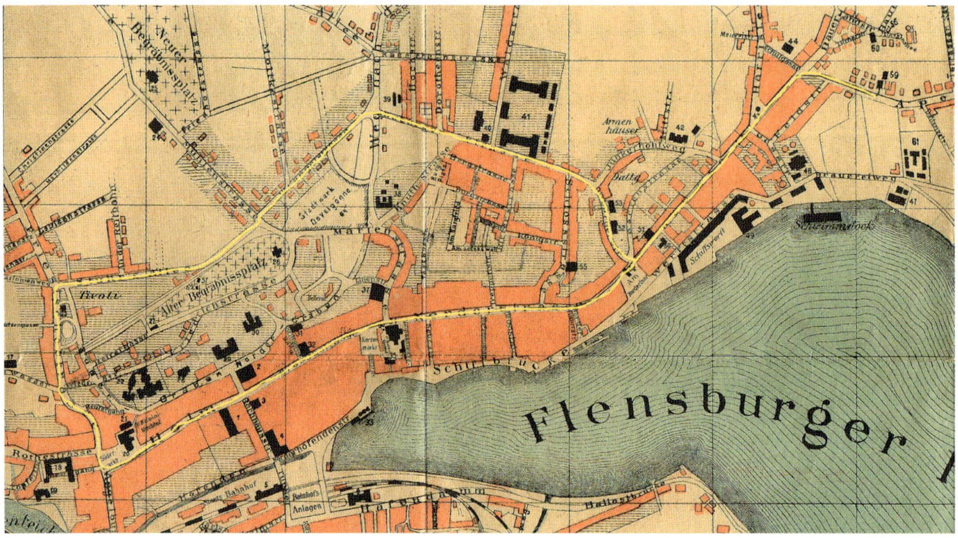

Ein nicht realisierter Trassen-Vorschlag: eine „Ringbahn" (gelbe Linie) durch die westliche Stadtseite (Stadtarchiv Flensburg, XIV K/P 979, Umzeichnung).

tores dar, das bislang von der Pferdebahn durchfahren werden konnte, den Wagen der elektrischen Straßenbahn mit ihren Oberleitungen und Strombügeln aber nicht genügend Durchfahrtshöhe bot. Nicht wenige plädierten daher für den Abriß auch dieses letzten Flensburger Stadttores, um der neuen Bahn Raum zu schaffen. Der Abriß-Plan aber scheiterte, als nachgewiesen werden konnte, daß eine östliche Umfahrung des Tores trotz des sehr engen Kurvenradius' gleistechnisch noch möglich war.[18]

Derlei Hemmungen sowie zwei längere Streiks der Gleisarbeiter verhinderten die Einhaltung des ursprünglich angesetzten Fertigstellungstermins, so daß die Trassierungsarbeiten erst im Frühjahr 1907 abgeschlossen werden konnten. Die gesamte Streckenlänge der elektrischen Straßenbahn Flensburg betrug nun 3,28 km. Sie nahm ihren nördlichen Ausgangspunkt von der Terrassenstraße, verlief durch die Norderstraße, Große Straße und den Holm zum Südermarkt, dort durch die Angelburger Straße zum Hafermarkt und weiter bis zur Bismarckstraße. Mit kurzen Unterbrechungen am Hafermarkt und an der Toosbüy-Straße wurde die Anlage zweigleisig ausgeführt.[19]

Parallel zu den Trassierungsarbeiten erwirkte die Stadt von der Kgl. Eisenbahndirektion Altona die Betriebsgenehmigung der Bahn. Zugleich wehrte man mittels diverser Gutachten aus den Straßenbahn-Städten Köln, Königsberg, Danzig, Koblenz und Straßburg mit Erfolg die Forderung anliegender Bürger auf eingleisigen Betrieb der Bahn ab, welche um das ungehinderte Be- und Entladen von Fuhrwerken vor Ihren Geschäften fürchteten. Allerdings legte das Regierungspräsidium fest, daß ein Lastfuhrwerk auf einer Seite der Straße unbehindert vom Straßenbahnverkehr halten können müsse. So kam es in Flensburg zur typischen, zwar zweigleisigen, aber eng aneinander vorbeilaufenden Trassenführung.[20]

Schließlich galt es, einen ersten Wagenpark zu ordern. Die für die Erstausrüstung erforderlichen elf Straßenbahnwagen lieferte die Firma Busch, die elektrische Ausrüstung die AEG. Dazu wurden noch angeschafft ein Salzstreuwagen und ein Bahnmeisterwagen. Sie kosteten zusammen etwa 60.000 Mark.

Auf die begehrten Dienstplätze bei der Straßenbahn gingen zahlreiche Bewerbungen ein. Die Behörden übernahmen jedoch nur jüngere Männer der Geburtsjahrgänge 1875-1885, die ihren Militärdienst bereits abgeschlossen hatten. Das derart ausgewählte Fahrpersonal bestand zunächst aus 26 Mann und wurde für sechs Wochen der Bielefelder Straßenbahn zugeteilt. Dort wurde es von Oberschaffner Heinrich Krob im Fahrdienst ausgebildet, der anschließend nach Flensburg abgeworben werden konnte und hier den Posten des Fahrdienstleiters antrat.[21] Die tägliche Dienstzeit der Wagenführer und Schaffner betrug 9 Stunden bei zwei freien Tagen im Monat. Neben dem Fahrdienstpersonal waren weitere 10 Mann in der Wagenhalle und Werkhalle beschäftigt.

Quietschend durch die Kurve. Die Durchfahrtshöhe des Nordertores war für die elektrische Straßenbahn zu niedrig, weshalb der Abriss erwogen wurde. Durch ein gleistechnisches Kunststück aber konnte das Nordertor trotz engem Kurvenradius von der „Elektrischen" umfahren und damit erhalten werden (Sammlung Mayer).

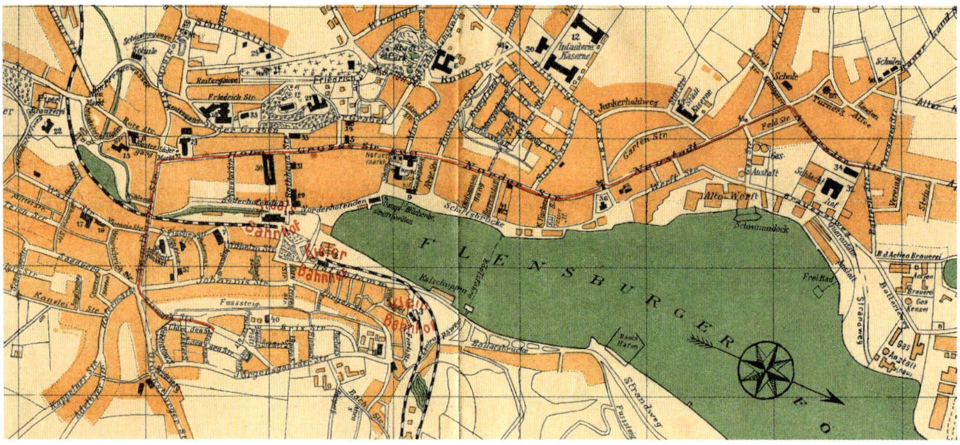

Die Trasse der elektrischen Straßenbahn (rote Linie) in den ersten Betriebsjahren nach 1907 (Stadtarchiv Flensburg XIV K/P 2027).

Die vorgeschriebene Straßenbahn-Gleisführung musste auf einer Straßenseite die ungehinderte Fahrt bzw. das Be- und Entladen für Fuhrwerke und Lastwagen gewährleisten (Stadtarchiv Flensburg).

Triebwagen (Tw) Nr. 7 aus der ersten Beschaffungsserie (Tw 1-11/ 1907), gefertigt von der Waggonfabrik Busch mit AEG-Ausrüstung, in der Angelburgerstraße (Stadtarchiv Flensburg).

Aufmaß der ersten Triebwagen (1907) mit 16 Sitzplätzen auf Längsbänken sowie 19 Stehplätzen, offenen Perrons und Umsetzgittern (Sammlung Lönneker).

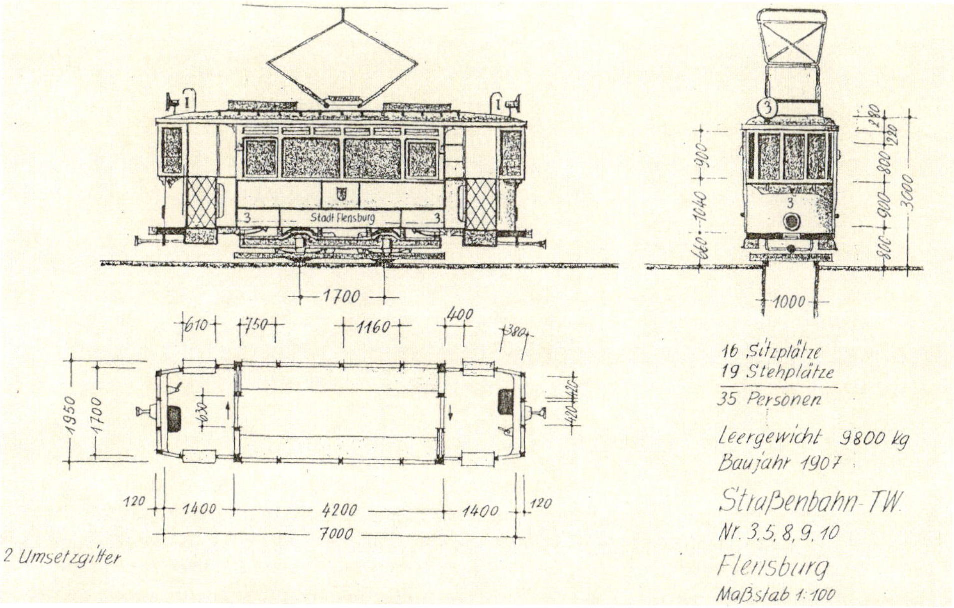

Die Beiwagen (Bw) Nr. 51-56 waren ehemalige Pferdebahnwagen. Mit Bw 57 beginnt 1907 die erste eigentliche Beschaffungsreihe (Bw 57-60) für die elektrische Straßenbahn. Hier Bw 57 im Depot, kurz vor der Verschrottung 1954 (Sammlung Fischer).

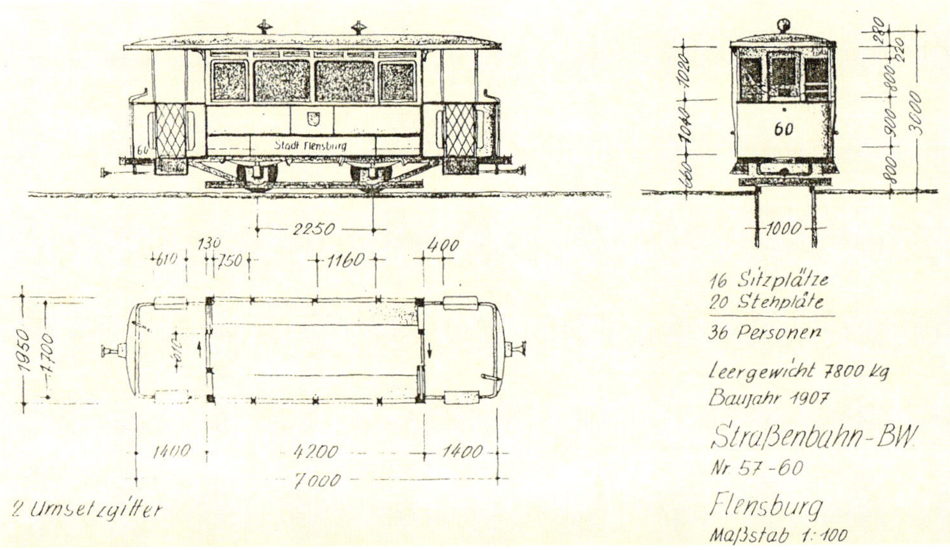

Aufmaß der Beiwagen 57-60 von 1907, mit 16 Sitzplätzen auf Längsbänken, 20 Stehplätzen, offenen Perrons und Umsetzgittern (Sammlung Lönneker).

Frühe Belegschaft der Flensburger Straßenbahn, ca. 1910, vor der Terrassenstraße. Man beachte die persönlichen Kennnummern an den Schirmmützen. Links vom Tisch: Fahrdienstleiter Krob; Tischmitte: Ingenieur Roth (Stadtarchiv Flensburg).

Das Wagenhallen-Personal mit Gerätschaften und Werkzeugen vor dem Depot an der Apenrader Straße, ca. 1910. Ganz links Fahrdienstleiter Krob, daneben Ingenieur Roth (Stadtarchiv Flensburg).

2.2 Jungfernfahrt und erste Betriebsjahre (1907 – 1910)

Im Juli des Jahres 1907 war es dann soweit, alle Vorbereitungen waren getroffen, der große Tag stand bevor: Am Donnerstag, dem 4. Juli, mittags um 12 Uhr, erfolgte die baupolizeiliche Abnahme und am Samstag, den 6. Juli 1907, konnte der planmäßige Betrieb der neuen elektrischen Flensburger Straßenbahn unter großer Beteiligung der Bevölkerung aufgenommen werden.

Über die ersten Fahrtage berichteten die Flensburger Nachrichten:

„Die elektrische Straßenbahn, welche am Eröffnungstage reichlich 776 M vereinnahmte, zeigte gestern während des ganzen Tages vollbesetzte Wagen, so daß eine Einnahme von 1140,60 M erzielt wurde. Ist dieser ‚Ersterfolg' zum großen Teil auch dem Reiz der Neuheit zuzuschreiben, so berechtigt er andererseits doch zu guten Erwartungen. Störungen irgendwelcher Art machten sich auch gestern trotz des schier großstädtischen Andranges nicht bemerkbar."[22]

Und in einem Schüleraufsatz jener Tage hieß es:

„Früher, als wir die alte Pferdebahn noch hatten, ging es sehr langsam, denn die Pferde konnten den mitunter fast überfüllten Wagen kaum ziehen (...). Doch jetzt saust der Wagen viel schneller ohne Pferde!"[23]

Die frühen Jubeltöne waren auch in finanzieller Hinsicht begründet. Im ersten Betriebsjahr wurden bis zum 31. März 1908 295.300 Wagenkilometer zurückgelegt. Dabei konnten 1.376.098 Personen befördert und Gesamt-Fahreinnahmen in Höhe von 125.743,20 Mark erzielt werden. Die Ausgaben betrugen lediglich 78.379 Mark, so daß ein Betriebsüberschuß von mehr als 47.000 Mark erzielt werden konnte.

Mit der elektrischen Straßenbahn 1907 durch Flensburg: Die Norderstraße (Stadtarchiv Flensburg).

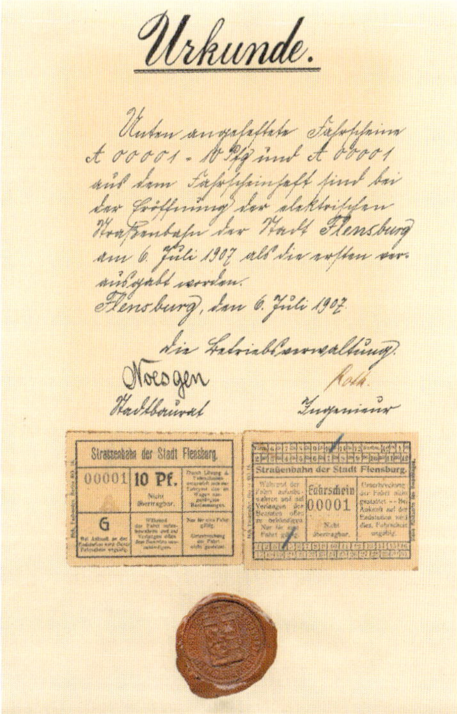
Urkunde.

Unten angehefteten Fahrschein A 00001 - 10 Pfg und A 00001 aus dem Fahrscheinheft sind bei der Eröffnung der elektrischen Straßenbahn der Stadt Flensburg am 6. Juli 1907 als die ersten verausgabt worden.

Flensburg, den 6. Juli 1907.

Die Betriebsverwaltung.

Noesgen
Stadtbaurat

Roth
Ingenieur

Strassenbahn der Stadt Flensburg.
00001 10 Pf.
Nicht übertragbar.
G

Straßenbahn der Stadt Flensburg.
Fahrschein 00001
Nicht übertragbar.

„Urkunde. Unten angeheftete Fahrscheine A 0001 = 10 Pfg und A 0001 aus dem Fahrscheinheft sind bei der Eröffnung der eletrischen Straßenbahn der Stadt Flensburg am 6. Juli 1907 als die ersten verausgabt worden.“ (Stadtarchiv Flensburg).

Aufgrund der erfreulichen Ertragslage erbat die Stadt schon bald von der Eisenbahndirektion Altona eine Betriebserlaubnis auch für Anhängewagen. Die Genehmigung erfolgte umgehend, und 1908 ergänzte man den Wagenpark um vier anzuhängende Beiwagen.[24]

Dennoch: Nicht alle Bürger waren mit dem neuen Verkehrsmittel einverstanden. Ein Beschwerdeführer klagte, die Straßenbahn führe gerade vor seinem Hause nicht mehr auf den Schienen, sondern auf dem Straßenpflaster, so daß sein Haus wackele und die Kessel auf dem Herd klirrten. Es stellte sich heraus, daß die Bahn vor diesem Haus eine Weiche überfuhr. Die Straßenbahnverwaltung meinte, daß die Erschütterungen nicht gegen die Straßenbahn, sondern gegen die Stabilität des Hauses sprächen.

Zu den anderen üblichen Beschwer-

Mit der elektrischen Straßenbahn 1907 durch Flensburg: Ecke Norderstraße/ Toosbüystraße (Stadtarchiv Flensburg).

Mit der elektrischen Straßenbahn 1907 durch Flensburg: Begegnung am Südermarkt (Stadtarchiv Flensburg).

den einiger Passagiere zählten verpasste Anschlussverbindungen, falsche Billet-Preise, unzureichende Wechselgeldmengen der Schaffner, tatsächliche oder vermeintliche Unhöflichkeiten des Wagenpersonals, Zurechtweisungen wegen des untersagten Mitführens von Hunden im Wageninneren oder wegen des Aussetzens von zahlungsunfähigen Kindern auf den Außenstrecken.[25]
Derlei ärgerliche Vorkommnisse sind unvermeidbare Begleiterscheinungen beim Personen-Massentransport und dürfen nicht überbewertet werden. Ernsthafter zu betrachten ist hingegen die Unfallgefährdung, die mit dem Straßenbahnbetrieb für Pas-

Mit der elektrischen Straßenbahn 1907 durch Flensburg: Die Angelburgerstraße hinauf Richtung Hafermarkt (Stadtarchiv Flensburg).

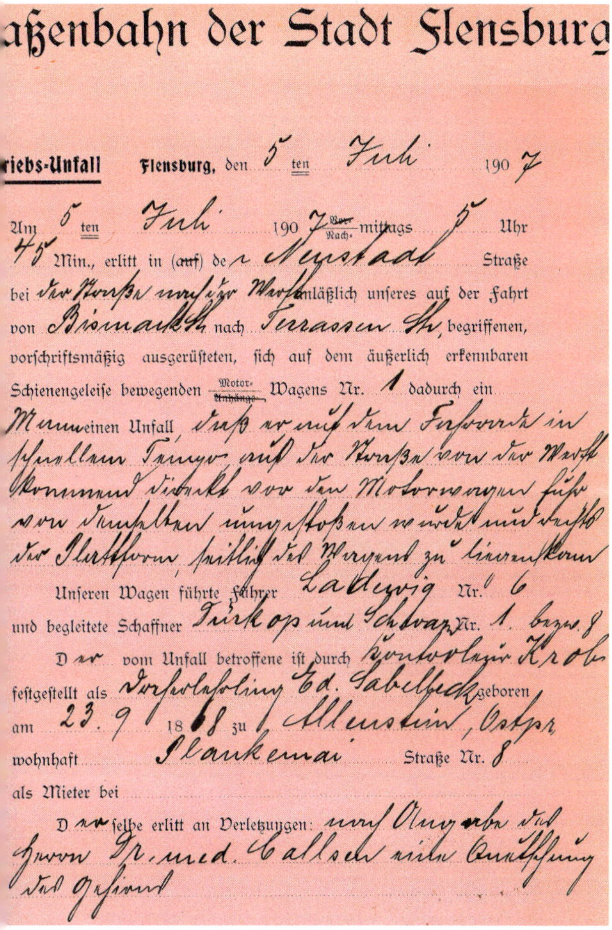
…aßenbahn der Stadt Flensburg

…riebs-Unfall Flensburg, den 5 ten Juli 1907

Am 5 ten Juli 1907 ~~Vor~~/Nach-mittags 5 Uhr 45 Min., erlitt in (~~auf~~) der Neustadt Straße bei der Straße nach der Werft anläßlich unseres auf der Fahrt von Bismarckstr. nach Terrassen Str. begriffenen, vorschriftsmäßig ausgerüsteten, sich auf dem äußerlich erkennbaren Schienengeleise bewegenden Motor-/~~Anhänge-~~ Wagens Nr. 1 dadurch ein Mann einen Unfall, daß er auf dem Fahrrade in schnellem Tempo aus der Straße von der Werft kommend direkt vor den Motorwagen fuhr, von demselben umgestoßen wurde und dicht vor der Plattform, seitlich des Wagens zu liegen kam.

Unseren Wagen führte Führer Ladewig Nr. 6

und begleitete Schaffner Türkop und Schwarz Nr. 1 bezw. 8

Der vom Unfall betroffene ist durch Kontrolleur Krob festgestellt als Dreherlehrling Ed. Sabelbeck geboren am 23.9. 1888 zu Allenstein, Ostpr. wohnhaft Plankemai Straße Nr. 8

als Mieter bei

Derselbe erlitt an Verletzungen: nach Angabe des Herrn Dr. med. Callsen eine Erschütterung des Gehirns

Der erste schwere Unfall ereignete sich am 5. Juli 1907 - nur einen Tag nach der baupolizeilichen Zulassung (4. Juli) und noch einen Tag vor der offiziellen Betriebsaufnahme (6. Juli): Dreherlehrling Sabelbeck fuhr, mit dem Fahrrad von der Werft kommend, in der Neustadt vor den Triebwagen 1, wurde zu Boden geworfen und erlitt Gehirnquetschungen (Stadtarchiv Flensburg).

sagiere und Passanten einherging. Schon im ersten Betriebsjahr ereigneten sich über 20 Personenunfälle und 32 Zusammenstöße mit Lastfuhrwerken. Die meisten der Zusammenstöße zwischen Straßenbahnwagen und anderen Verkehrsmitteln verliefen glimpflich und führten zumeist nur zu Blechschäden oder leichten Verletzungen wie Hautabschürfungen oder leichten Prellungen. Aus den im Stadtarchiv Flensburg verwahrten Unfall-Protokollen geht aber auch hervor, daß es wiederholt zu schweren und auch zu tödlichen Verletzungen kam, wenn Passanten unvermittelt auf die Fahrbahn und die Geleise traten oder zwischen die eng aneinander vorbeifahrenden Verkehrsmittel gerieten und eingeklemmt wurden. Wiederholt fielen Passagiere auch vom Wagen-Perron oder stürzten beim Ein- oder Aussteigen, schlugen dabei mit dem Kopf auf das Straßenpflaster auf oder verloren durch Überfahren Teile ihrer Gliedmaßen.

Bei Entgleisungen bestand akute Gefahr für Passagiere und Passanten (Sammlung Nickel)

Nicht wenige dieser Personenschäden waren selbstverschuldet, aber dennoch blieb bei den Wagenführern ein Gefühl der Bedrückung zurück. Dies galt um so mehr, wenn sie und ihr Wagen gänzlich unverschuldet in einen tödlichen Unfall mit Kleinkindern verwickelt wurden, wie es sich bedauerlicherweise immer wieder in den langen Betriebsjahren der Flensburger Straßenbahn ereignete. Der Unfallhergang war in vielen Fällen ähnlich: Ein am Straßenrand stehendes oder spielendes Kind trat unvermittelt vom Bürgersteig herab oder zwischen zwei Autos hervor auf die Fahrbahn und auf die Geleise. Trotz aller Bremsbemühungen, trotz der Betätigung vom Strom-, Sand- und Handbremse wurde das Kind vom Wagen erfasst und zu Boden geworfen, wo es unter den vormontierten Bahnräumer geriet und sodann infolge zumeist schwerster Kopfverletzungen verstarb.

In der Wagenführer-Ausbildung wurde dem sofortigen und richtigen Reagieren in Gefahrenmomenten große Bedeutung zugemessen und aus den vielen im Stadtarchiv überlieferten Unfallberichten spricht immer wieder das vorausschauende Bemühen der Fahrer, mögliche Gefahrensituationen, etwa spielende Kinder am Fahrbahnrand, frühzeitig zu erkennen, durch Betätigen des Signalgeläutes zu warnen oder durch rasches Bremsen einen Unfall zu vermeiden. Da durch das schienengebundene Bahnsystem ein Ausweichen jedoch unmöglich war, gehörten Zusammenstöße und Personenunfälle zum Alltagsbetrieb auch der Flensburger Straßenbahn.[26]

Schwerste Verletzungen ereigneten sich, wenn Personen – zumal Kinder - unter die Straßenbahnwagen gerieten (Stadtarchiv Flensburg).

2.3 Ausbau bis Mürwik (1910 – 1914)

Die rasche Erhöhung der Beförderungszahlen nach 1907 ist nicht zuletzt vor dem Hintergrund einer durch Eingemeindungen und Zuzug rasch wachsenden Nachfrage zu verstehen. Die vergrößerte Stadtbevölkerung konfrontierte die Straßenbahn dabei auch mit Beförderungs-Wünschen, denen man seitens der Betriebsleitung nicht sogleich entsprechen konnte. So wurden schon während der ersten Betriebsjahre wiederholt Erweiterungswünsche bezüglich des Bahnnetzes vorgetragen, wobei insbesondere eine nochmalige Verlängerung der bestehenden Strecke über die Endhaltepunkte hinaus sowie eine Erschließung der westlichen und neuen östlichen Stadtteile im Vordergrund standen.

Im Dezember 1910 legte die Stadt der Kgl. Eisenbahndirektion daraufhin ihre Pläne für die spätere Linie 2 „Alter Bahnhof – Flurstraße" und für die spätere Linie 3 „Apenraderstraße – Hafermarkt – Mürwik" vor, wo mit den Angehörigen der Marineschule Mürwik, der Torpedowerkstatt, den Besatzungen der Torpedo-Halbflottille und der Schulschiffe „König Wilhelm" und „Auguste Viktoria" ein großes Passagierpotential zu erschließen war, das bislang nur mittels kleiner Barkassen zum Landgang in die Stadt befördert wurde.[27]

Nach erfolgter Genehmigung konnten die Erweiterungsarbeiten bis 1912 abgeschlossen werden, wobei manch gleistechnische Herausforderung – etwa die Überbrückung der Kieler Bahn – gemeistert werden mußte. Um auf der neuen Linie 3 einen Fünf-Minuten-Takt fahren zu können, wurde schon im Jahre 1912 ein Doppelgleis bis hinter die Kaiser-Wilhelm-Brücke (Querung heutige Nordstraße) geführt, außerdem die Weiche bei Blasberg verlängert und zwischen Sommerlust und Seewarte ein zweites Gleis verlegt.[28]

Als die Bahn nach Mürwik in Betrieb genommen wurde, machte man dem Reichsmarineamt von diesem Ereignis Mitteilung, woraufhin Admiral von Tirpitz in seinem Antwortschreiben die Hoffnung formulierte, „daß das neue Verkehrsmittel für die Stadt sowohl wie für die Marine von dauerndem Nutzen" sein werde.[29]

Der im Zuge dieser Ausbauarbeiten gewonnene Anschluß der Straßenbahn an die Staatsbahn eröffnete zudem die Möglichkeit des innerstädtischen Stückguttransports mittels eines Straßenbahn-Gepäckwagens.

Die erweiterten Bahnlinien erwiesen sich rasch als rentabel, und noch im Jahr 1914 ergänzte man das Gleisstück über die Flurstraße hinaus bis zum Marienhölzungsweg, um die Flensburger Stadtbevölkerung näher an die Hölzung mit ihren erholsamen Spazierwegen heranzubringen. Ebenso wurde die Trasse vom Depot in der Apenraderstraße bis zur Glashütte hin verlängert – jedoch konnten diese Teilstücke wegen des Kriegsbeginns und der daraus resultierenden Betriebsbeschränkungen vorerst nicht in Nutzung genommen werden.[30]

Die neue Technik als farbiges Postkartenmotiv um 1910: Elektrische Straßenbahn auf dem Weg vom Depot entlang der Apenraderstraße ...

... durch die Neustadt vorbei am Dreiecksplatz ...

... auf dem Ostufer die Clädenstraße hinauf ...

... bis zur Endstation Bismarckstraße (sämtlich Sammlung Henningsen).

Mit der neuen Linie 2 ging es seit Ende 1911 vom Staatsbahnhof an der Fördenspitze über die Rathausstraße, den Nordergraben, die Knuthstraße und die Dorotheenstraße bis zur Flurstraße (Sammlung Henningsen).

Entlang der Kaiser-Wilhelm-Straße, heute Mürwiker Straße, verlief die Trasse der 1912 eröffneten Linie 3 bis zur Marineschule Mürwik (Stadtarchiv Flensburg).

Vorbereitung der Linie 3 nach Mürwik, Ecke heutige Mürwiker Straße – Swinemünderstraße (Sammlung Aktiv Bus).

Triebwagen 18 aus der zweiten Lieferungsserie (Tw 12-23/1912) mit geschlossenen Perrons, wiederum hergestellt von der Waggonfabrik Busch mit AEG-Ausrüstung (Stadtarchiv Flensburg).

Triebwagen 20 aus der Lieferungsserie Tw 12-23/1912 (Stadtarchiv Flensburg).

Triebwagen 23 aus der Lieferungsserie Tw 12-23/1912, auf dem Südermarkt (Stadtarchiv Flensburg).

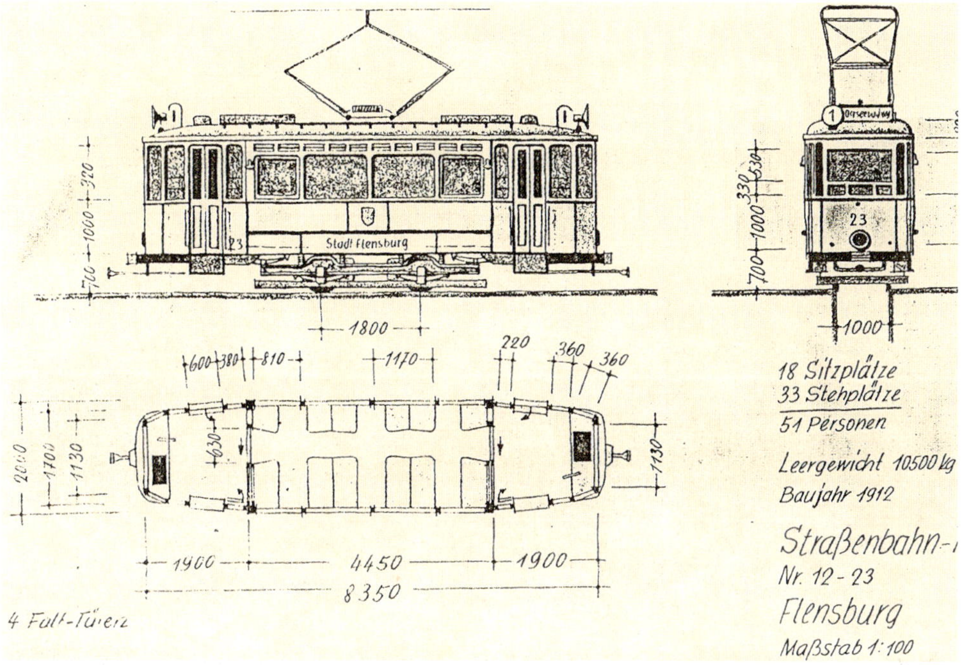

Aufmaß Triebwagen 12-23 des Jahres 1912. 18 Sitzplätze auf Querbänken, 33 Stehplätze, geschlossene Perrons mit Falttüren (Sammlung Lönneker).

2.4 Frauen als Kriegs-Hilfsschaffner (1914 – 1918)

Die Kriegsjahre 1914-1918 konfrontierten die Flensburger Straßenbahn mit Herausforderungen und Aufgaben, auf die sie ursprünglich nicht eingestellt war, so etwa die Durchführung innerstädtischer Verwundetentransporte. Im Juni 1917 trat die Marineverwaltung Mürwik zudem mit der Bitte an die städtische Straßenbahn heran, ihr beim Transport von Gütern, vor allem Kohlen, vom Staatsbahnhof zum Marinestützpunkt Mürwik behilflich zu sein. Zu diesem Zweck wurden vier Kastenkippwagen beschafft sowie ein Überladegleis am Bahnhof und eine Rampe in der Kelmstraße gebaut, woraufhin im November 1917, noch rechtzeitig zum Winterbeginn, erstmals Kohlen mittels der Straßenbahn zur Marineschule transportiert werden konnten. Erst 1927 wurde der Güterbetrieb infolge eines dann direkten Gleisanschlusses der Marineschule eingestellt und die Umlade-Einrichtungen abgebaut.[31]

Einschneidenden Änderungen aber war in den Kriegsjahren vor allem die Begleitbelegschaft der Straßenbahn unterworfen. Fast das gesamte Personal wurde bereits während der ersten Mobilmachungstage einberufen, so daß der Betrieb nur im geringen Umfang aufrecht erhalten werden konnte. Da das Werkstattpersonal im Fahrdienst ausgebildet war und einige Wagenführer und Schaffner vorerst vom Kriegsdienst

Das zahlreiche, ausschließlich männliche Betriebspersonal der Straßenbahn vor Kriegsbeginn 1914 vor dem Depot (Stadtarchiv Flensburg).

zurückgestellt blieben, konnte in den ersten Kriegsmonaten wenigstens mit fünf Wagen die Linie 1 in Betrieb gehalten werden.[32]
Als sich die trügerische Hoffnung auf einen nur kurzen Waffengang im Winter 1914/15 zerschlug und weiteres Bahn-Personal zum Frontdienst abberufen wurde, entschied die Betriebsleitung im Juli 1915, weibliche Hilfskräfte zu beschäftigen. Im Jahr 1917 überstieg die Zahl der weiblichen Schaffnerinnen und Wagenführerinnen zeitweise diejenige der männlichen Mitarbeiter. Die Höchstzahl der beschäftigten Frauen betrug 41 Personen, darunter nicht wenige Ehefrauen von eingezogenen Schaff-

Das überwiegend weibliche Betriebspersonal der Straßenbahn vor dem Depot nach 1915 (Stadtarchiv Flensburg).

Die ersten weiblichen Schaffnerinnen mit Fahrdienstleiter Krob, Mitte 1915 (Stadtarchiv Flensburg).

nern, die – so hoffte man - mit den Arbeitsanforderungen, den Arbeitszeiten und -abläufen hinreichend bekannt waren.

In Vorausahnung der Anfangsprobleme, bemühte sich die Betriebsleitung in Zusammenarbeit mit der Ortspresse um Aufklärung und Verständnis:

„Weibliche Schaffnerinnen sind jetzt in den Dienst der elektrischen Straßenbahn gestellt und versehen ihren Dienst in einer besonderen Tracht. Flensburg hat damit der Zeit und Notwendigkeit, wie schon andere Städte vorher, Folge geleistet. Wie man sagt, sind die Damen durchweg Frauen der im Felde stehenden Schaffner. Das Publikum steht hauptsächlich deshalb der Neuerung sehr wohlwollend gegenüber. Den Damen mag in der ersten Zeit das Amt nicht leicht fallen, zumal die angeborene weibliche Schüchternheit sie befangen macht, wo so viele neugierige Augen auf sie gerichtet sind. Jedenfalls werden sie sich aber schnell in ihren Beruf einleben."[33]

Zu den ersten Flensburger Schaffnerinnen jener Kriegsjahre zählte Frau Marie Ehrich, die zumeist auf der Linie 2 zwischen dem Alten Bahnhof und der Flurstraße eingesetzt war. Sie trug die neue graue Uniform mit dem langen Rock, die grün abgesetzte Schaffner-Jacke und eine Schirmmütze. Die Schaffnertasche und sonstige Utensilien hatte sie von ihrem eingezogenen Mann übernommen, ebenso den Schrank im Straßenbahndepot mit der Nr. 49, – dessen Namensschild somit nicht geändert werden mußte.

Die ersten Dienstwochen fielen Frau Ehrich und ihren Kolleginnen durchaus nicht leicht. Nicht wenige Passagiere lachten oder spotteten über die Schaffnerinnen, andere empörten sich über die „Frauen in Uniform". Wiederholt kam es bei den Fahrten

Nicht wenige Schaffnerinnen ersetzen ihre im Feld stehenden Ehemänner. Sie ertrugen die Mehrfachbelastungen der Kriegsjahre mit bewundernswerter Energie und Selbstdisziplin (Sammlung Henningsen).

Trotz mancher Anfeindungen verrichteten die Schaffnerinnen ihren Dienst sachgerecht und zuverlässig (Stadtarchiv Flensburg).

Die Schaffnerinnen bewiesen durch den kriegsbedingten Arbeitseinsatz ihre grundsätzliche Eignung für den bislang nur Männern vorbehaltenen Fahrdienst (Stadtarchiv Flensburg).

nach Mürwik während der Kriegszeit um 1916/17 zu ungebührlichem Verhalten von Marine-Angehörigen gegenüber den Schaffnerinnen, die kaum in der Lage waren, derlei Vorfälle zu unterbinden.
Dabei stellten schon die normalen Arbeitsbedingungen hohe Anforderungen an die zumeist jungen Frauen. Der tägliche Fahrdienst dauerte neun bis zehn Stunden, während der die Schaffnerinnen in den rüttelnden und zugigen Wagen standen, - die Mittagspause währte nur eine Viertelstunde. In den Wintermonaten traten weitere Erschwernisse hinzu, wenn es in den unbeheizten und teilweise offenen Wagen eiskalt war. Der Monatslohn für die harte Arbeit betrug 95 Mark.
Wie andere ihrer Schaffner-Kolleginnen war Frau Ehrich zugleich Mutter mehrer Kinder. Diese wuchsen während jener Zeit zumeist bei den Großeltern auf und kannten ihre Mama bald nur noch in Uniform.[34]

2.5. Neubeginn und Höhepunkt. Ausbau bis Glücksburg (1918 – 1934)

Am Ende des verlorenen Krieges wehten im November 1918 auch über Flensburg die roten Fahnen der Revolution,[35] und am 7. November verfügte der örtliche Arbeiter- und Soldatenrat eine kurzzeitige Einstellung des Straßenbahn-Fahrbetriebes. Nach und nach kehrten die überle-

1920: Nach dem Krieg kehren die überlebenden Männer an ihre Arbeitsplätze bei der Straßenbahn zurück. Sämtliche weibliche Schaffnerinnen sind entlassen (Sammlung Aktiv Bus).

Ein Gleisbautrupp bei Wartungsarbeiten im Bereich Hafermarkt, um 1921 (Stadtarchiv Flensburg).

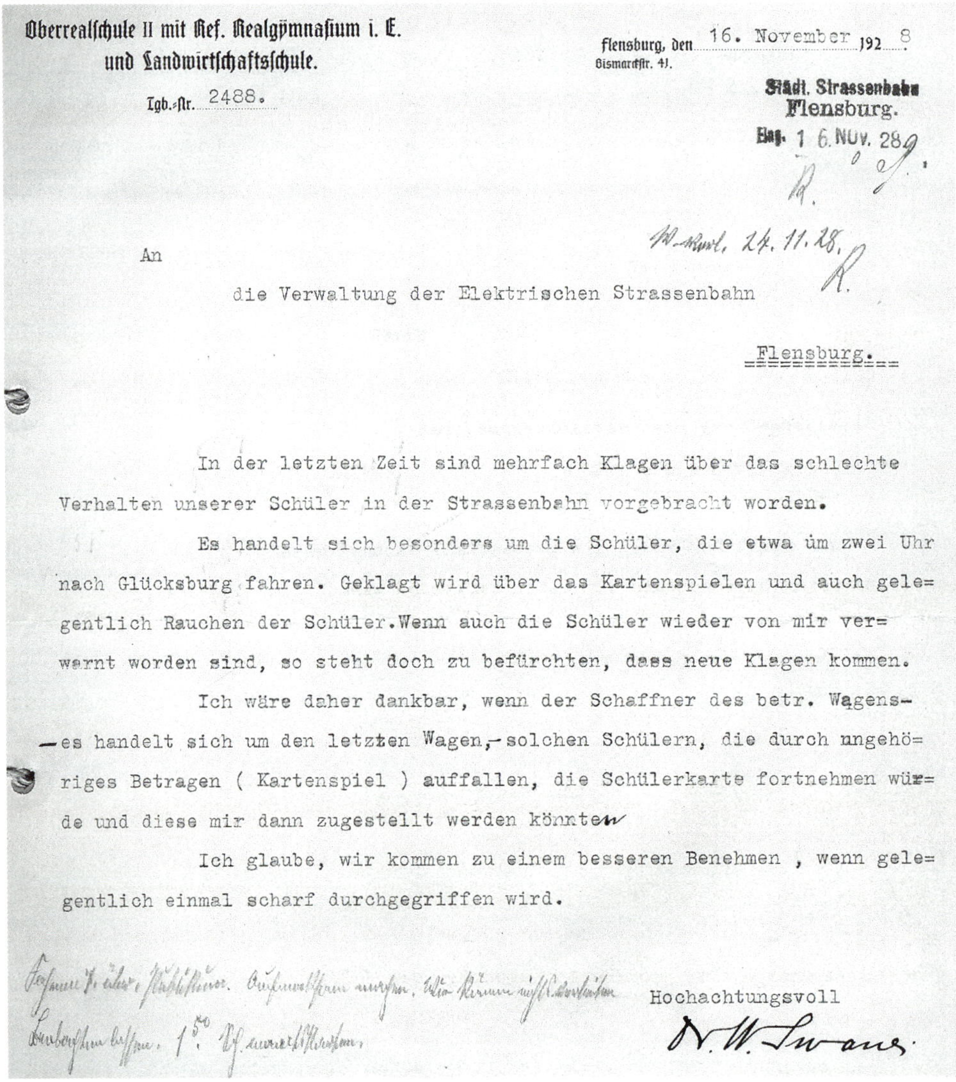

Oberrealschule II mit Ref. Realgymnasium i. E.
und Landwirtschaftsschule.

Tgb.-Nr. 2488.

Flensburg, den 16. November 1928
Bismarckstr. 41.

Städt. Strassenbahn
Flensburg.
Eing. 16. NOV. 28

An

die Verwaltung der Elektrischen Strassenbahn

Flensburg.

In der letzten Zeit sind mehrfach Klagen über das schlechte Verhalten unserer Schüler in der Strassenbahn vorgebracht worden.

Es handelt sich besonders um die Schüler, die etwa um zwei Uhr nach Glücksburg fahren. Geklagt wird über das Kartenspielen und auch gelegentlich Rauchen der Schüler. Wenn auch die Schüler wieder von mir verwarnt worden sind, so steht doch zu befürchten, dass neue Klagen kommen.

Ich wäre daher dankbar, wenn der Schaffner des betr. Wagens – es handelt sich um den letzten Wagen – solchen Schülern, die durch ungehöriges Betragen (Kartenspiel) auffallen, die Schülerkarte fortnehmen würde und diese mir dann zugestellt werden könnten.

Ich glaube, wir kommen zu einem besseren Benehmen , wenn gelegentlich einmal scharf durchgegriffen wird.

Hochachtungsvoll

Swane

Direktor Swane erregt sich und fordert scharfes Durchgreifen, 1928 (Stadtarchiv Flensburg).

benden Schaffner und Wagenführer heim und nahmen ihre alte Arbeit wieder auf. Gleichzeitig endete die Beschäftigung sämtlicher weiblicher Fahrdienst-Kräfte bei der Flensburger Straßenbahn.[36]

Der Wiederbeginn war wegen der zunehmenden Teuerung, die sich bis 1923 zur Hyperinflation auswuchs, von steigenden Fahrpreisen und sinkenden Fahrgastzahlen geprägt. Betrug die Zahl der beförderten Personen im Jahr 1918 noch über sieben Millionen, sank sie bis 1923 auf unter 3 Millionen ab, - trotz zwischenzeitlicher Inbetriebnahme der Teilstrecken Flurstraße-Marienhölzungsweg und Depot-Glashütte sowie der nun durchgängig doppelgleisig geführten Strecke nach Mürwik.

Erst mit Beginn des Jahres 1924 setzte eine Wende zum Besseren ein. Sowohl die gefahrenen Wagen-Kilometer als auch die Beförderungszahlen erreichten und überschritten nun wieder das Vorkriegsniveau.[37] Nach zehn turbulenten Jahren kehrte der Alltag in den Straßenbahnbetrieb zurück – und damit auch die Voraussetzung für das Erleben und Erinnern kleiner, auf uns heute amüsant wirkender Aufgeregtheiten. So fanden Passagiere nun wieder die Zeit, über das „ungebührliche Verhalten der hiesigen Schülerschaft in der Straßenbahn" Klage zu führen. Die Schüler würden Karten spielen oder gar rauchen und sich weigern, für ältere Bürger oder Kriegsversehrte die Sitzplätze freizumachen. Direktor Swane fackelte ob derlei Ungeheuerlichkeiten nicht lange und empfahl 1928 der Bahnverwaltung, den auffälligen Schülern die Monatskarten abzunehmen.[38]

Zur gleichen Zeit trat in Flensburg in Verbindung mit dem Straßenbahnbetrieb ein neues technisches Problem auf: die Störung des sich nun ausbreitenden Rundfunkempfangs durch die Stromabnahme-Schleifstücke von den elektrisch geladenen Fahrleitungen der Straßenbahn. Tatsächlich häuften sich bald bei der Betriebsverwaltung die Beschwerden von Einwohnern entlang der Straßenbahnlinien. Der Zusammenhang zwischen Straßenbahn-Betrieb und Rundfunkstörung war auch von anderen Städten her bekannt, aber erst in späteren Jahren konnte dem Missstand durch Einsatz funkentstörter Schleifkontakte allmählich abgeholfen werden.[39]

In jenen kurzen Jahren der wirtschaftlichen Erholung zwischen 1924-1929 erreichte die Flensburger Straßenbahn durch neue Trassierungen ihr weitgreifendstes Streckennetz. Der Ausbau der Apenraderstraße bei Glashütte erbrachte 1928 eine Verlängerung des Nord-Gleises um 100 m und eine entsprechende Umlegung der Weichenanlage an der Endstelle. Die Verlegung des Bahnhofes von der Fördenspitze nach Süden hinter die vormaligen Mühlenteiche gebot sodann eine Verlängerung der Linie 1 vom Südermarkt zum neuen Reichsbahnhof. Die Ausbauarbeiten wurden 1927 begonnen und am 19. April 1929 konnte das neue Gleisstück in Betrieb genommen werden.

Vorrangig und unverzichtbar aber erschien den Verantwortlichen, das

Der Verlegung des Bahnhofs in den Süden der Stadt und der Öffnung der Südermarktfront durch die Todsenstraße folgte 1927/29 die Neutrassierung der Straßenbahngleise vom Südermarkt am Deutschen Haus vorbei zum neuen Reichsbahnhof (Sammlung Aktiv Bus).

Linie 1 auf dem Weg zum neuen Bahnhof, ca. 1930 (Sammlung Henningsen).

Der neue Reichsbahnhof 1929: Knotenpunkt des schienengeführten Fern- und Nahverkehrs (Sammlung Breuer).

Schöne Frauen fuhren in der Straßenbahn. Straßenbahn-Monatskarte November 1927 von Anni Koch (Stadtarchiv Flensburg).

durch die Abtretung Nordschleswigs nachhaltig geschädigte Wirtschaftsleben Flensburgs durch eine verbesserte Verkehrsanbindung mit der Landschaft Angeln zu heben. Da der Landkreis jedoch finanziell nicht in der Lage war, die Einrichtungen seiner bestehenden Kleinbahn hinreichend zu verbessern, wurde der Gedanke geboren, die Strecke Flensburg-Kappeln in Anschluß an die städtische Straßenbahn für die Personenbeförderung zu elektrifizieren. Dieser große Wurf gelang jedoch nicht, der Ausbau blieb auf die Strecke Flensburg–Glücksburg beschränkt, für die gleichwohl erhebliche Anfangsinvestionen zu tätigen waren: Zwecks Verbindung zwischen Straßenbahn und Kleinbahn wurden ein Übergangsgleis gebaut, eine neun Kilometer lange Fahrleitungsanlage in Tragwerk-Konstruktion mit Vielfach-Aufhängung errichtet und drei vierachsige Motorwagen sowie vier vierachsige Anhängewagen beschafft. Jeder Motorwagen besaß vier Motoren je 50 PS, um mit je zwei Anhängewagen im Gesamtgewicht von 60 to auf der starken Steigung in der Angelburgerstraße anfahren zu können. Außerdem erforderten die 13 Meter langen Wagen eine Anpassung der innenstädtischen Kurvenführung.[40]
Um durch das Rangieren der Langzüge nicht den gesamten Straßenverkehr in der Großen Straße/ Haltestelle Rathausstraße zu blockieren, baute die Stadt 1926 außerdem eine Umkehrschleife von der Nikolaistraße über die Süderhofenden mit Anschluss an die Gleise in der Rathausstraße.

Am 21. September 1925 erfolgte die feierliche Eröffnung der Linie 4 nach Glückburg, und die Fahrgastzahlen ließen zunächst auf einen Erfolg hoffen. So überstiegen im ersten Bedienjahr der Linie 4 die Betriebseinnahmen noch die Betriebausgaben. Doch Zinsendienst und Abschreibungen konnten von Anbeginn nicht gedeckt werden. Linie 4 war und blieb defizitär. Der allgemeine Rückgang der Wirtschaftslage 1928/29 und der damit einhergehende Verlust an Fahrgästen trug sodann rasch zum Scheitern des ehrgeizigen Ausbauprojektes bei:[41]

Linie 4
Beförderte Personen

1928	710.000
1929	519.000
1930	447.500
1931	347.500
1932	268.400
1933	214.500

Am 28. Februar 1934 zog man die Konsequenzen: Linie 4 wurde stillgelegt und die elektrische Ausrüstung abgebaut.[42]

Triebwagen 28 der Serie Tw 27-32 bzw. Tw 33-36 von 1926, gefertigt von der Hannoverschen Waggonfabrik (HAWA) mit Siemens-Ausrüstung (Sammlung Fischer).

Inneres des Triebwagens 30 aus der Beschaffungsserie Tw 27-32/1926 (Stadtarchiv Flensburg).

Aufmaß der Triebwagen 27-32 und 33-36. Beide Typen unterschieden sich hinsichtlich der Plattformlängen und damit der Wagenkastenlängen sowie der Anzahl der Stehplätze. Tw 27-32 (Plattform 1700 mm/ Kastenlänge 9400 mm) boten 22 Sitzplätze auf Querbänken und 31 Stehplätze, Tw 33-36 (Plattfrom 2000 mm/ Kastenlänge 10000 mm) 22 Sitzplätze und 37 Stehplätze (Sammlung Lönneker).

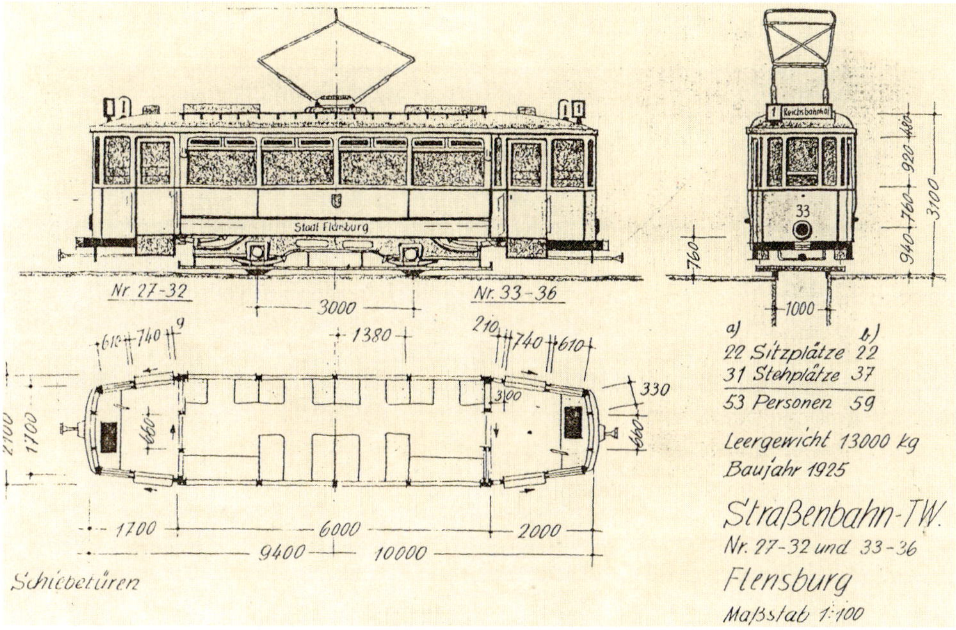

Zusätzlich zu den Triebwagen 27-36 lieferte die HAWA 1926 die Beiwagen 48 und 49, hier beide an Tw 34 angehängt (Stadtarchiv Flensburg).

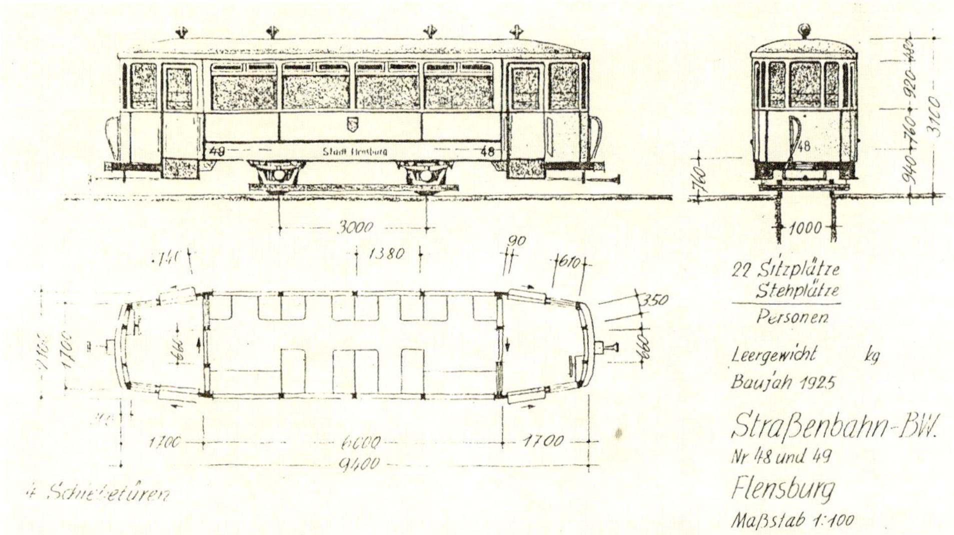

Aufmaß der Beiwagen 48 und 49, die 22 Sitzplätze auf Quer- und Teillängsbänken sowie 35 Stehplätze boten (Sammlung Lönneker).

Durch die Elektrifizierung des vorhandenen Kleinbahntrassenabschnitts zwischen Flensburg und Glücksburg erreichte die Flensburger Straßenbahn mit der dadurch neugeschaffenen Linie 4 ihren größten Ausbaustand (Stadtarchiv Flensburg).

Für die Linie 4 mussten vierachsige Trieb- und Beiwagen mit Drehgestell beschafft werden. Da sich die Lieferung der Beiwagen verzögerte, verkehrten zunächst, wie hier abgebildet, die Triebwagen im Doppelzugbetrieb (Arkiv ved Dansk Centralbibliotek).

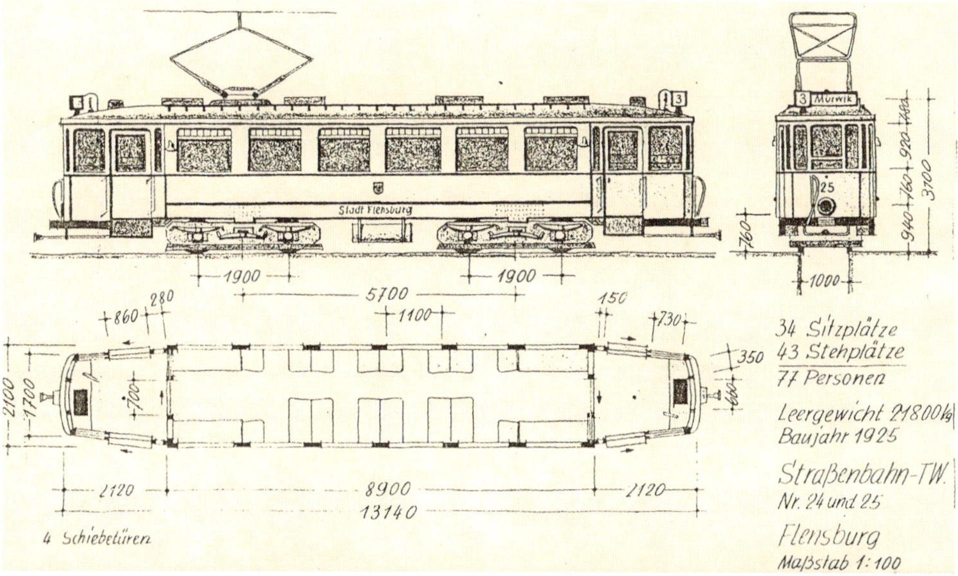

Aufmaß der von der HAWA gefertigten Triebwagenserie 24-26/1925 mit 34 Sitzplätzen und 43 Stehplätzen (Sammlung Lönneker).

Ebenfalls von HAWA wurden für die Flensburger Linie 4 vier Beiwagen (Bw 44-47/1925) geliefert, hier Bw 44 vor der Auslieferung in der Werkhalle (Stadtarchiv Flensburg).

Feierliche Eröffnung der Linie 4 nach Glücksburg mit schärpengeschmückten „Zug-Maiden" am 21. September 1925 (Stadtarchiv Flensburg).

Mit Linie 4 unterwegs. Station Südermarkt (Stadtarchiv Flensburg).

Mit Linie 4 unterwegs: Die Angelburger Straße hinauf (Stadtarchiv Flensburg).

Mit Linie 4 unterwegs: Die Einspurung auf das Kleinbahngleis ist geglückt. Über Land geht es dem Ziel entgegen (Sammlung Lönneker).

Mit Linie 4 unterwegs: Das Ziel ist erreicht – Endstation Bahnhof Glücksburg (Stadtarchiv Flensburg).

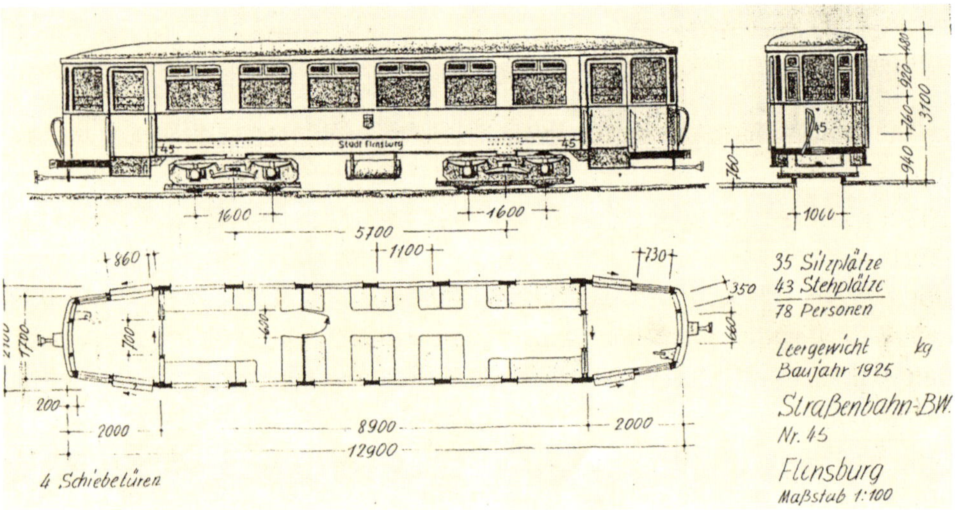

Aufmaß der Beiwagenserie Bw 44-47/1925. Die 12,90 m langen, vierachsigen Wagen auf Drehgestellen boten 35 Sitz- und 43 Stehplätze (Sammlung Lönneker).

Rechts unten gut erkennbar die Einmündung des Endschleifengleises von Linie 4 in die Nikolaistraße (Stadtarchiv Flensburg).

2.6 Übergangszeiten.
Der Oberleitungsbus und das Ende der Straßenbahnlinie 2 (1934- 1945)

Auch Flensburg war durch die Weltwirtschaftskrise zum Beginn der 1930er Jahre schwer getroffen. Die Werft musste zeitweilig ihre Produktion einstellen, die örtliche Arbeitslosenzahl stieg auf über 8.000 an, bei den Wahlen erstarkten die radikalen Parteien auf der Rechten und der Linken. Die NS-Diktatur führte seit 1933 auch in der Fördestadt zu Gesinnungsterror, Gleichschaltung und rassistischen Ausschreitungen.[43]

Die personellen Umbesetzungen betrafen auch den Bereich der Straßenbahn, in dem seit Juli 1933 Dipl. Ing. Kahle als Dezernent und Dipl. Ing. Gäbel als Betriebsleiter die Verantwortung trugen.[44] Politisch bedingte Denunziationen und Entlassungen von Betriebsangehörigen sind belegt.[45]

Der Rückgang der Fahrgastzahlen auf allen Linien hielt bis Oktober 1933 an, als der Tiefstand von 3,3 Millionen Passagieren erreicht wurde. Parallel zur wirtschaftlichen Gesundung konnten 1935 wieder 4,3 Millionen Fahrgäste befördert werden.[46] Am 20. April 1935 wurden die Geleise bis zum Ostseebadweg verlängert, und seit dem 28. November 1936 führte Linie 2 vom Marienhölzungsweg über die Norderhofenden und den neuen ZOB nun bis zum Kreisbahnhof am Lautrupsbach.[47]

Die Fahrgastzahlen stiegen nochmals deutlich an und 1939, im Jahr des Kriegsbeginns, konnten wiederum 7.491.133 Passagiere gezählt werden.

Auf den verbliebenen drei Straßenbahnlinien erfolgten in den Kriegs-

Die NS-Gleichschaltung betraf auch die Städtischen Verkehrsbetriebe, denen mit Ing. Kahle seit 1933 ein bekennender Nationalsozialist vorstand (Stadtarchiv Flensburg).

„Wir schützen die Welt vor dem Bolschewismus". Das Straßenbahn-Verwaltungsgebäude im NS-Schmuck in den 1930er Jahren (Stadtarchiv Flensburg)

jahren dann jedoch nachhaltige Veränderungen, die bereits das sukzessive Ende dieses Verkehrsmittels in Flensburg vorzeichneten. Der Bus-Betrieb entwickelte sich zur neuen Stütze der städtischen Verkehrsbetriebe, zunächst allerdings weniger in der heute bekannten Form des Autobusses mit Verbrennungsmotor, sondern als sogenannter Oberleitungsbus (Obus), der auf normalen Rädern fahrend von kräftigen Elektromotoren angetrieben wurde, die den Strom aus eigens aufgehängten Fahrdrähten bezogen. So blieb der Obus wie die Straßenbahn streckengebunden, konnte aber etwaigen Hindernissen, da nicht schienengebunden, in einem gewissen Maße ausweichen.

1943 wurde die eingleisige und mit

einer kurzen, aber starken Steigung versehene Linie 2 (Marienhölzungsweg – Kleinbahnhof) am 2. Oktober 1943 auf Obus-Betrieb umgestellt, der im Mai 1944 bis zur Ballastbrücke erweitert wurde und sich rasch bewährte. Die mit fünf Obussen betriebene, 2,7 km lange Buslinie, die in den Kriegsjahren trotz der erheblichen Materialschwierigkeiten erstellt worden war, besaß durchweg eine zweispurige Fahrleitung mit Endschleifen. Die Obuszufahrtstrecke zum Straßenbahnbetriebshof Apenraderstraße hatte ihren Ausgangspunkt an der rechtwinkligen Obus/Straßenbahn-Fahrleitungs-Kreuzung an der Haltestelle Rathausstraße. Die Obus-Zuleitung (einspurig) war zwischen den beiden Straßenbahn-Fahrdrähten verlegt; sie hatte aber keine unmittelbare Verbindung zur Obus-

Nationalsozialistische Betriebszellen-Organisation
Kreisleitung Flensburg-Stadt

Postanschrift: N. S. B. O., Flensburg
Haus der Arbeit, Schloßstr. 44/46
Fernsprecher 479

Flensburg, den 5. Januar 1934

An
die Strassenbahnverwaltung
zu Händen von Pg Gäbel,
hier

Betr. Entlassung Christiansen, Burgstrasse 30

Die Nachprüfung des Falles Chritsiansen hat Folgendes ergeben:

Christiansen war während der Abstimmungszeit Däne. Gelegentlich des Krammarktes im Herbst 1932 hat er zu Pg. Max W[redacted] sen. gesagt: S. P. D. sind wir schon lange nicht mehr, wir sind jetzt Kommune.

In Bezug auf den Führer Adolf Hitler hat er gesagt: Den Slowacken muss man mit der Hundepeitsche aus Deutschland hinausjagen.

Nationalsozialistische Betriebszellenorganisation Kreisbetriebswart Flensburg

Heil Hitler !

Kreisbetriebszellen-Obmann.

Meinungskontrolle: Entlassung des Straßenbahnarbeiters Christiansen aufgrund einer Denunziation (Sammlung Christiansen).

19. Mai 1943: Trümmer des bombenzerstörten Eckhauses Neustadt/ Harrisleerstraße und Rettungsfahrzeuge blockieren die Fahrbahn (Stadtarchiv Flensburg).

Betriebsstrecke. Vielmehr musste beim Aus- und Einrücken das Gefälle der Rathausstraße ausgenutzt werden, so daß die Obusse jeweils mit abgezogenen Stromabnehmer-Stangen im Gefälle rollend unter das Fahrleitungspaar fuhren![48]

Im Verlauf des Krieges rückten große Teile der Belegschaft zum Frontdienst aus, und wie im Ersten Weltkrieg übernahmen abermals Frauen weite Bereiche des Fahrbegleitdienstes. Wiederum trugen die Frauen so eine aufreibende Mehrfachbelastung: Zu den Anforderungen des Arbeitsplatzes traten die Sorgen um den eingezogenen Ehemann, die Aufgaben der Kindererziehung und –ernährung sowie die seit 1942 zunehmenden Ängste wegen der nun häufigen Fliegeralarme.

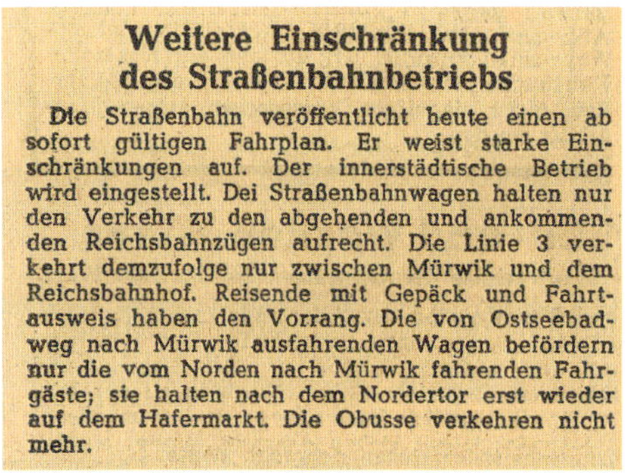

Weitere Einschränkung des Straßenbahnbetriebs

Die Straßenbahn veröffentlicht heute einen ab sofort gültigen Fahrplan. Er weist starke Einschränkungen auf. Der innerstädtische Betrieb wird eingestellt. Dei Straßenbahnwagen halten nur den Verkehr zu den abgehenden und ankommenden Reichsbahnzügen aufrecht. Die Linie 3 verkehrt demzufolge nur zwischen Mürwik und dem Reichsbahnhof. Reisende mit Gepäck und Fahrtausweis haben den Vorrang. Die von Ostseebadweg nach Mürwik ausfahrenden Wagen befördern nur die vom Norden nach Mürwik fahrenden Fahrgäste; sie halten nach dem Nordertor erst wieder auf dem Hafermarkt. Die Obusse verkehren nicht mehr.

Ende April 1945 erreicht der Krieg Flensburg. Strommangel zwingt zur Einstellung des Obus- und Straßenbahnverkehrs (Stadtarchiv Flensburg).

Die Luftangriffe auf Flensburg erzwangen gelegentliche Betriebseinstellungen, zumal nach dem Angriff am 19. Mai 1943, als die Neustadt und der Kraftwerkbereich getroffenen wurden. Dennoch konnte bis zum Frühjahr 1945 ein Fahrdienst aufrecht erhalten werden. Infolge Strommangels mussten jedoch der Obus-Betrieb am 10. April 1945 und die beiden verbliebenen Straßenbahnlinien 1 und 3 am 16. April 1945 gänzlich eingestellt werden.[49]

Während des Krieges drängen sich Zivilisten und Militärpersonen an der Endstation Mürwik / Linie 3 (Stadtarchiv Flensburg).

Abermals ersetzen Frauen die zum Kriegsdienst abberufenen Straßenbahnschaffner. Hier die damals dreißigjährige Schaffnerin Elisabeth Molzen (Sammlung Reichardt).

Unterwegs mit Linie 2 in den 1930er Jahren: Burgplatz mit 86er-Denkmal (Stadtarchiv Flensburg).

Unterwegs mit Linie 2 in den 1930er Jahren: Ecke Marienhölzungsweg (Diako)/ Marienstraße (Stadtarchiv Flensburg).

Unterwegs mit Linie 2 in den 1930er Jahren: Ecke Nordergraben/ Rathausstraße (Sammlung Fischer).

Unterwegs mit Linie 2 in den 1930er Jahren: vorbei am ZOB (ehemals Staatsbahnhof) Richtung Ostufer (Stadtarchiv Flensburg).

Ecke Diako/ Marienstraße im Oktober 1943: Der über elektrische Fahrdrähte geführte Oberleitungsbus (Obus) ersetzt die Straßenbahn, deren Geleise und Haltestellen-Schild hier noch erkennbar sind (Stadtarchiv Flensburg).

Obus-Verkehr auf dem Hafendamm. Im Oktober 1943 befuhren die Obusse zunächst das Wegstück Marienhölzungsweg - Wilhelmstraße (Arkiv ved Dansk Centralbibliotek).

Im Mai 1944 erfolgte die Verlängerung des Obus-Verkehrs bis Ballastbrücke. Hier die Obus-Endstation Ballastbrücke mit ausgebauter Wendeschleife (Stadtarchiv Flensburg).

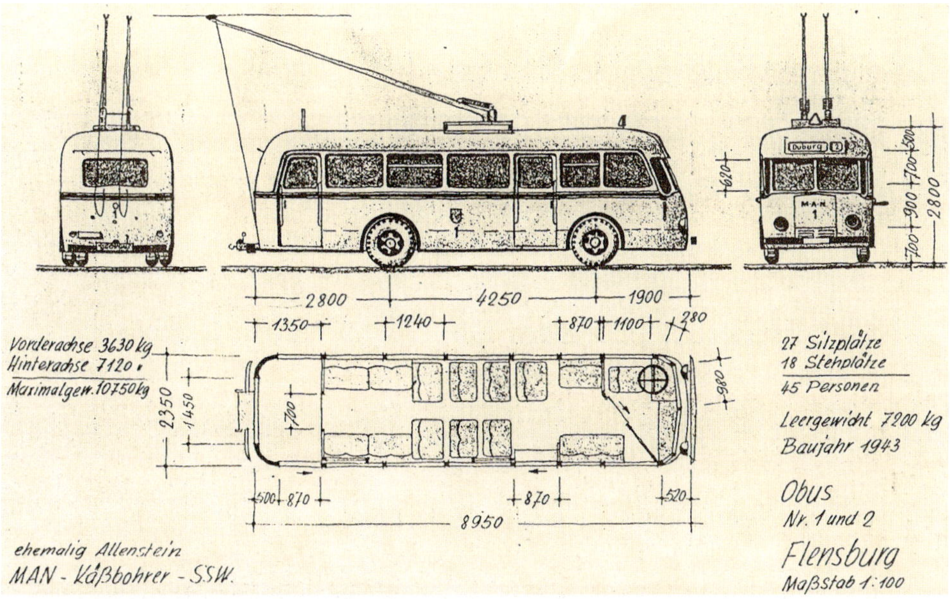

Aufmaß der beiden ersten, seit 1943 in Flensburg eingesetzten Obusse, die 1941 von MAN/ Kässbohrer/ SSW gefertigt wurden und zunächst für einen Einsatz in Allenstein/ Ostpreussen bestimmt waren. Auf Längs- und Querbänken fanden 45 Passagiere Platz (Sammlung Lönneker).

Der Flensburger Obus 3 mit Einstieg vor der zwillingsbereiften Vorderachse war von Henschel/ Credé/ SSW gefertigt worden und ursprünglich für die Stadtwerke Gießen bestimmt gewesen (Stadtarchiv Flensburg).

Das Innere des Obusses 3, der auf je 25 Sitz- und Stehplätzen Mitfahrgelegenheit für 50 Passagiere bot (Stadtarchiv Flensburg).

Der hier abgebildete, von Henschel/ Schuhammnn / SSW gefertigte Flensburger Obus 4 und der typgleiche Obus 5 waren erst 1944 geliefert worden. Sie hatten das Henschel-Obus-Gestell, Normgröße I mit zwillingsbereifter Vorderachse und den eckigen Aufbau der Kriegseinheitsbauweise. 22 sitz- und 40 Stehplätze erlaubten die Mitfahrt von 62 Passagieren. Die ursprünglichen Holzlattensitze wurden später durch gebrauchte Polstersitze ersetzt (Sammlung Stock).

2.7 Der Autobus als Konkurrent. Ende der Straßenbahnlinie 3 (1945 – 1957)

In der bald von Flüchtlingen und Versprengten überfüllten und nach der Kapitulation unter britischer Militärregierung stehenden Stadt ruhte für mehrere Monate der kommunale Verkehrsbetrieb. Am 27. August 1945 wurde die Straßenbahn auf der Strecke Ostseebadweg – Mürwik erstmals wieder eingesetzt, am 6. Februar 1946 erfolgte die Wiederaufnahme des Obus-Verkehrs.[50]

In der Straßenbahn begegneten sich in jenen Nachkriegsjahren Menschen aller Alters-, Sozial und Schicksalsgruppen. Eine Begebenheit aus dem Jahr 1947 ist dem Flensburger Bruno Pichner aus der Neustadt bis heute unauslöschbar in Erinnerung geblieben:

„Ich wartete vor dem Bahnhof auf die Straßenbahn, die sich, kaum vorgefahren, rasch mit den drängenden Menschen füllte. Nur auf dem hinteren Perron fand ich noch Platz mit einigen Passagieren, darunter auch ein verhärmter, wohl aus der Gefangen-

Neubeginn mit Linie 3 Ende August 1945 (Sammlung Breuer).

Im Februar 1946 wird auch der Obus-Verkehr wieder aufgenommen (Stadtarchiv Flensburg).

Triebwagen 12 auf Straßenbahnlinie 1 vor dem Bahnhof, 1949 (Sammlung Fischer).

schaft entlassener Soldat in zerlumpten Kleidungs- und Uniformresten. Er stand teilnahmslos in einer Ecke und starrte vor sich hin.
Die Straßenbahn fuhr an. Durch den Mittelgang zwängte sich der junge Schaffner, verkaufte und entwertete Fahrscheine. Allmählich gelangte er in den hinteren Bereich des Wagens, schließlich trat er auf die Plattform. Flott und routiniert gab er uns die gewünschten Billets. Dann wandte er sich dem abseits stehenden Heimkehrer zu. Er hob den Blick, schaute dem Soldaten ins Gesicht – und erstarrte.
Um uns wurde es ganz still, und auch wir unterbrachen unserer Gespräch und blickten zum Schaffner hinüber. Was war geschehen, was ließ den jungen Mann so abrupt innehalten? Nach einigen Sekunden, in denen nur das gleichmäßige Rattern der Räder zu uns hinaufklang, brach es aus dem Schaffner hervor, zunächst unartikuliert, aber dann verstanden wir seine hilflos-schluchzenden Worte: „Mein Bruder!"[51]

Bis 1948 erreichten die Fahrgastzahlen neue Hochstände:[52]

Jahr	Straßenbahn	Obus
1939	7.491.000	-
1943	12.830.000	353.000
1945	3.782.000	142.000
1948	11.267.000	1.041.000

Die Übersicht zeigt aber auch, daß der relative Beförderungsanteil der Obusse gegenüber der Straßenbahn deutlich anwuchs. Dennoch investierten die Verkehrsbetriebe in den Jahren 1951-1954 nochmals kräftig in den Wagenpark der Straßenbahn, so durch Ankauf sieben neuer Motorwagen und acht Beiwagen.

Straßenbahn

FLENSBURG

werktags

Linie 1: Ostseebadweg—Rathausstraße—Südermarkt—Bundesbahnhof

Ostseebadweg	ab	3^{45}♦	4^{30}	5^{15}	6^{25}	6^{35}	6^{45}	und alle	18^{15}	18^{25}		18^{45}	19^{25}	19^{45}	19^{55}	20^{25}		22^{07}		
Südermarkt	|	4^{00}	4^{45}	5^{30}	6^{40}	6^{50}	7^{00}	10 Min.	18^{30}	18^{40}	18^{55}	19^{00}	19^{40}	20^{00}	20^{10}	20^{40}	21^{15}	22^{22}	22^{45}	22^{55}
Bundes-Bhf.	an	4^{05}	4^{50}	5^{35}	6^{45}	6^{55}	7^{05}	bis	18^{35}	18^{45}	19^{00}	19^{05}	19^{45}	20^{05}	20^{15}	20^{45}	21^{20}	22^{27}	22^{50}	23^{00}
Bundes-Bhf.	ab	4^{10}	4^{50}	6^{20}	6^{50}	7^{00}	7^{10}	und alle	18^{40}	18^{50}	19^{10}	19^{20}	19^{50}	20^{10}	20^{40}	21^{10}	21^{30}	22^{40}	22^{50}	◊23^{15}
Südermarkt	|	4^{15}	4^{55}	6^{25}	6^{55}	7^{05}	7^{15}	10 Min.	18^{45}	18^{55}	19^{15}	19^{25}	19^{55}	20^{15}	20^{45}	21^{15}	21^{33}	22^{45}	22^{55}	23^{20}
Ostseebadweg	an	4^{30}	5^{10}	6^{40}	7^{10}	7^{20}	7^{30}	bis	19^{00}		19^{30}	19^{40}	20^{10}	20^{30}	21^{00}		21^{48}			23^{35}

Linie 2: Ballastbrücke—Rathausstraße—Marienhölzungs-Weg (Obus)

Ballastbrücke	ab	6^{30}	und alle	10^{00}	10^{10}	und alle	18^{20}	18^{30}	18^{45}	und alle	20^{15}	20^{30}	und alle	23^{00}	23^{27}
Rathausstraße	|	6^{34}	15 Min.	10^{04}	10^{14}	10 Min.	18^{24}	18^{34}	18^{49}	15 Min.	20^{19}	20^{34}	30 Min.	23^{04}	23^{31}
Mar.-Hölz.-Weg	an	6^{42}	bis	10^{12}	10^{22}	bis	18^{32}	18^{42}	18^{57}	bis	20^{27}	20^{42}	bis	23^{12}	23^{39}
Mar.-Hölz.-Weg	ab	6^{42}	und alle	10^{12}	10^{22}	und alle	18^{32}	18^{42}	18^{57}	und alle	20^{27}	20^{45}	und alle	23^{15}	23^{40}
Rathausstraße	|	6^{50}	15 Min.	10^{20}	10^{30}	10 Min.	18^{40}	18^{50}	19^{05}	15 Min.	20^{35}	20^{53}	30 Min.	23^{23}	23^{48}
Ballastbrücke	an	6^{54}	bis	10^{24}	10^{34}	bis	⊕	18^{54}	19^{09}	bis	⊕	20^{57}	bis	23^{27}	⊕

Linie 3: Ostseebadweg—Rathausstraße—Südermarkt—Mürwik

Ostseebadweg	ab	3^{15}♦			5^{30}	5^{40}		20^{00}	20^{15}		23^{15}	23^{30}
Südermarkt	|	3^{30}	4^{00}	4^{45}	5^{45}	5^{55}	und alle	20^{15}	20^{30}	und alle	23^{30}	23^{45}
Ad. Kirchenweg	|	3^{37}	4^{07}	4^{52}	5^{52}	6^{02}	10 Min.	20^{22}	20^{37}	15 Min.	23^{37}	23^{52}
Mürwik	an	3^{45}	4^{15}	5^{00}	6^{00}	6^{10}	bis	20^{30}	20^{45}	bis	23^{45}	24^{00}
Mürwik	ab	3^{45}	4^{30}	5^{15}	6^{05}	6^{15}		20^{35}	20^{52}		23^{52}	0^{07}
Ad. Kirchenweg	|	3^{53}	4^{38}	5^{23}	6^{13}	6^{23}	und alle	20^{43}	21^{00}	und alle	24^{00}	0^{15}
Südermarkt	|	4^{00}	4^{45}	5^{30}	6^{20}	6^{30}	10 Min.	20^{50}	21^{07}	15 Min.	0^{07}	0^{22}
Ostseebadweg	an			5^{45}	6^{35}	6^{45}	bis	21^{05}	21^{22}	bis	0^{22}	0^{37}

sonntags

Linie 1: Ostseebadweg—Rathausstraße—Südermarkt—Bundesbahnhof

Ostseebadweg	ab	4^{30}	5^{15}	7^{10}	8^{52}	9^{07}	und alle	18^{37}	19^{22}	19^{52}	20^{22}	21^{07}	22^{07}	22^{40}
Südermarkt	|	4^{45}	5^{30}	7^{25}	9^{07}	9^{22}	15 Min.	18^{52}	19^{37}	20^{07}	20^{37}	21^{22}	22^{22}	22^{55}
Bundes-Bhf.	an	4^{50}	5^{35}	7^{30}	9^{12}	9^{27}	bis	18^{57}	19^{42}	20^{12}	20^{42}	21^{27}	22^{27}	23^{00}
Bundes-Bhf.	ab	4^{50}	6^{20}	7^{35}	9^{12}	9^{27}	und alle	19^{00}	19^{50}	20^{12}	20^{42}	21^{30}	22^{50}	23^{15}◊
Südermarkt	|	4^{55}	6^{25}	7^{40}	9^{15}	9^{30}	15 Min.	19^{05}	19^{55}	20^{15}	20^{45}	21^{33}	22^{55}	23^{20}
Ostseebadweg	an	5^{10}	6^{40}	7^{55}	9^{30}	9^{45}	bis	19^{20}	20^{10}	20^{30}	21^{00}	21^{48}	23^{10}	23^{35}

Linie 2: Ballastbrücke—Rathausstraße—Marienhölzungs-Weg (Obus)

Ballastbrücke	ab	9^{05}	9^{35}	10^{05}	und alle	12^{35}	12^{50}	und alle	20^{05}	20^{20}	20^{30}	21^{00}	und alle	23^{00}	23^{27}
Rathausstraße	|	9^{09}	9^{39}	10^{09}	30 Min.	12^{39}	12^{54}	15 Min.	20^{09}	20^{24}	20^{34}	21^{04}	30 Min.	23^{04}	23^{31}
Mar.-Hölz.-Weg	an	9^{17}	9^{47}	10^{17}	bis	12^{47}	13^{02}	bis	20^{17}	20^{32}	20^{42}	21^{12}	bis	23^{12}	23^{39}
Mar.-Hölz.-Weg	ab	9^{17}	9^{47}	10^{17}	und alle	12^{47}	13^{02}	und alle	20^{17}	20^{32}	20^{45}	21^{15}	und alle	23^{15}	23^{40}
Rathausstraße	|	9^{25}	9^{55}	10^{25}	30 Min.	12^{55}	13^{10}	15 Min.	20^{25}	20^{40}	20^{53}	21^{23}	30 Min.	23^{23}	23^{48}
Ballastbrücke	an	9^{29}	9^{59}	10^{29}	bis	12^{50}	13^{14}	bis	20^{29}	⊕	20^{57}	21^{27}	bis	23^{27}	⊕

Linie 3: Ostseebadweg—Rathausstraße—Südermarkt—Mürwik

Ostseebadweg	ab	4^{00}		6^{45}	7^{15}	7^{45}		8^{45}	9^{00}	9^{15}		23^{00}	23^{15}	23^{30}
Südermarkt	|	4^{15}	4^{45}	7^{00}	7^{30}	8^{00}	und alle	9^{00}	9^{15}	9^{30}	und alle	23^{15}	23^{30}	23^{45}
Ad. Kirchenweg	|	4^{22}	4^{52}	7^{07}	7^{37}	8^{07}	30 Min.	9^{07}	9^{22}	9^{37}	15 Min.	23^{22}	23^{37}	23^{52}
Mürwik	an	4^{30}	5^{00}	7^{15}	7^{45}	8^{15}	bis	9^{15}	9^{30}	9^{45}	bis	23^{30}	23^{45}	24^{00}
Mürwik	ab	4^{30}	5^{15}	7^{15}	7^{45}	8^{15}		9^{15}	9^{37}	9^{52}		23^{37}	23^{52}	0^{07}
Ad. Kirchenweg	|	4^{38}	5^{23}	7^{23}	7^{53}	8^{23}	und alle	9^{23}	9^{45}	10^{00}	und alle	23^{45}	24^{00}	0^{15}
Südermarkt	|	4^{45}	5^{30}	7^{30}	8^{00}	8^{30}	30 Min.	9^{30}	9^{52}	10^{07}	15 Min.	23^{52}	0^{07}	0^{22}
Ostseebadweg	an		5^{45}	7^{45}	8^{15}	8^{45}	bis	9^{45}	10^{07}	10^{22}	bis	0^{07}	0^{22}	0^{37}

♦ Versuchsweise bis 15. Juni 1950

◊ Bei Verspätg. des E 963 und P 1335 Wartezeit

⊕ Einfahrt Depot

64

Rückkehr zur Normalität: Der Sommerfahrplan 1950 (Sammlung Christesen)

Die Verkehrsbetriebe investieren nochmals in die Straßenbahn. 1951 werden von ELZE/ AEG die Verbandstyp-Triebwagen 37 – 39 beschafft (Sammlung Nickel).

Die Triebwagen der Serie Tw 37-39/1951 boten jeweils 24 Sitz- und 50 Stehplätze (Sammlung Nickel).

Am 24. September 1951 erreichen Tw 37 und 38 Flensburg (Stadtarchiv Flensburg).

Triebwagen 38 wird auf's Gleis gesetzt (shz/ Scheich).

Nach der Beschaffung der Triebwagen 40 und 41 (Credé/ AEG) im Jahr 1952, erfolgt 1954 mit den Triebwagen 42 und 43 sowie den Beiwagen 101-108 (sämtlich MAK/ AEG) die letzte Neuwagen-Beschaffung für die Flensburger Straßenbahn. Hier MAK-Werkbilder vom Bau des Tw 42, 1954 (Stadtarchiv Flensburg).

MAk-Werkbild Bau Tw 42, 1954 (Stadtarchiv Flensburg).

MAk-Werkbild Bau Tw 42, 1954 (Stadtarchiv Flensburg).

MAk-Werkbild Bau Tw 42, 1954 (Stadtarchiv Flensburg).

MAk-Werkbild Bau Tw 42, 1954 (Stadtarchiv Flensburg).

MAk-Werkbild Auslieferung Bau Tw 42, 1954 (Stadtarchiv Flensburg).

Verbandstypzug bestehend aus Tw 42 (24 Sitz- und 50 Stehplätze) und Bw 101 (24 Sitz- und 67 Stehplätze) eingesetzt auf Linie 3, 1954 (Sammlung Nickel).

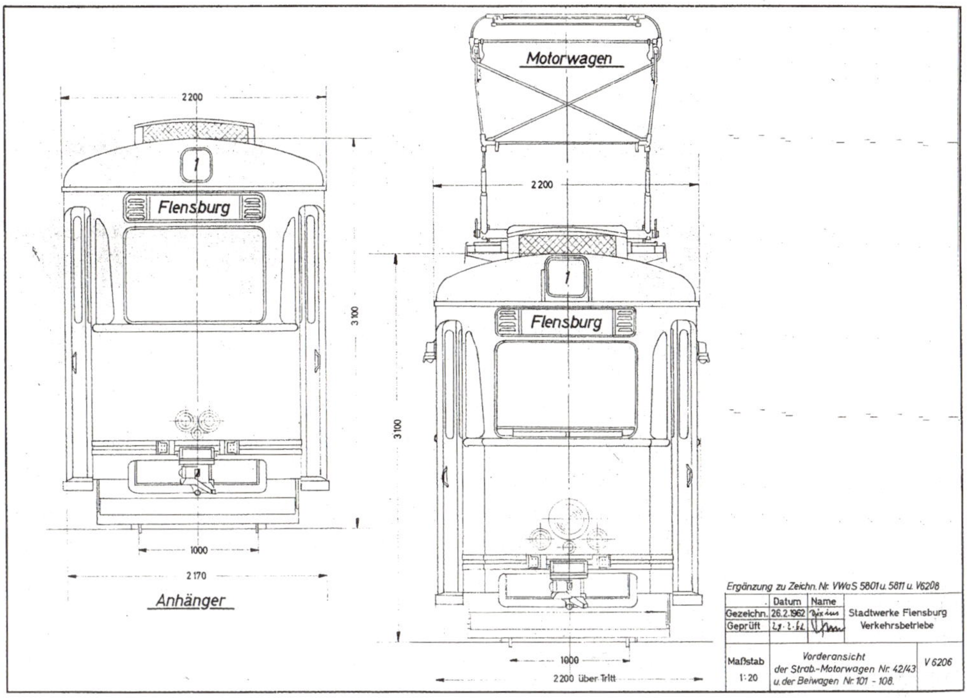

Aufmaß Vorderansicht der Verbandstypwagen Tw 42 und 43 (rechts) sowie der Bw 101-108 (links) (Sammlung Westphalen).

Wageninneres des Bw 107, 1954 (Sammlung Aktiv Bus).

Wageninneres/ Plattform des Bw 107, 1954 (Sammlung Aktiv Bus).

Linie 3 vor der Stilllegung, 1956:
Fahrt durch die Neustadt bei Wasserrohrbruch.
Die Lütten haben ihren Spaß
(Stadtarchiv Flensburg).

Aber es zeigte sich in den 1950er Jahren, daß die Zukunft dem flexibleren und spurunabhängigen Bus-Verkehr gehörte. Bereits am 16. Oktober 1950 war mit der Linie Solitüde – ZOB, zunächst ergänzend zu Straßenbahn und Oberleitungs-Bus, ein weiterer innerstädtischer Autobus-Betrieb eröffnet worden. Diese Linie wurde am 1. April 1953 bis zur Matthias-Claudius-Straße erweitert.[53]

Damit unterhielten die Verkehrsbetriebe auf zum Teilen gleichen Streckenabschnitten drei unterschiedliche Beförderungssysteme, die wegen der nun nötigen Vorhaltung und Wartung der verschiedenen Transportsysteme erhebliche Kosten verursachten. Eine grundsätzliche Entscheidung war unvermeidlich: der Städtische Verkehrsbetrieb musste mittelfristig den Betrieb nur eines Systems anstreben. Dies aber

Linie 3 vor der Stilllegung, 1956: Ecke Große Straße/ Rathausstraße (Stadtarchiv Flensburg).

Linie 3 vor der Stilllegung, 1956: Auf dem alten Gleiskörper durch die Mürwiker Straße zur Marineschule (Stadtarchiv Flensburg).

Feierliche Verabschiedung der Straßenbahnlinie 3 durch die Marine am 14. September 1957 (Stadtarchiv Flensburg).

konnte nur ein moderner und flexibler Autobusbetrieb sein, der eine wirtschaftliche Bedienung auch der sich rasch besiedelnden Außenbereiche erlaubte.

Als die Stadt Flensburg daher Mitte 1957 vor der Herausforderung stand, den maroden Gleis-Unterbau der Linie 3 (Mürwik – Südermarkt) mit erheblichem Aufwand zu sanieren oder die Bedienung per Straßenbahn einzustellen, entschied sich die Ratsversammlung für eine Stillegung der Straßenbahnlinie 3 zum 15. September 1957.[54]

Die letzte Fahrt auf dieser Linie, die während ihrer 45-jährigen Bestehenszeit nicht zuletzt viele Matrosen- und Kadettenjahrgänge vom Stadtzentrum hinaus nach den Marineanlagen und zurück befördert hatte, inspirierte das Flensburger Marine-Stützpunktkommando zu folgendem Erinnerungs-Gedicht:[55]

"Der Mürwiker Straßenbahn!"

Lange hast Du uns gefahren!
Und Du wurdest des nicht müd.
In all´ den vielen, vielen Jahren
Gewannen wir Dich wirklich lieb.

Du bist gefahren und gefahren
Und hast uns pünktlich heimgebracht.
Wenn wir auch mal betüdlt waren;
Dir hat das gar nichts ausgemacht.

(...)

Wir sehen Dich mit Wehmut scheiden,
denn Du warst allen wohl vertraut.
So mancher hat bei ‚schwerem Leiden'
Fest auf die ‚letzte Bahn' gebaut.

Mit diesen kleinen, simplen Versen
Erstatten wir Dir unsern Dank!
Dich werden wir wohl nicht vergessen!
Du hast gedient - ein Leben lang!

Flensburg, den 14. September 1957.

Aufgemöbelt. Ein ehemaliger Straßenbahnwagen dient als private Wohnlaube, September 1957 (shz/ Scheich).

Aufgebockt. Obus 1 als Kinderspielgerät, September 1957 (shz/ Scheich).

Zeitgleich mit der Straßenbahnlinie 3 wurde die Obus-Linie Marienhölzungsweg – Ballastbrücke stillgelegt. Die Obusse waren mit voranschreitendem Betriebsalter derart reparatur- und störanfällig geworden, daß eine Erneuerung nicht in Frage kam. Statt dessen wurde eine neue Autobuslinie 3 Mürwik – Marienhölzungsweg eingerichtet, die schon am 18. Mai 1958 bis Johannisgarten verlängert wurde.[56]

Die Umstellung der Linie 3 auf Autobusse brachte anfänglich erhebliche Unruhe unter der Bevölkerung. In den Leserbriefsspalten der Lokalzeitung fanden sich überwiegend negative Stimmen. Man klagte, die Busse seien ständig überfüllt, für Ältere und Behinderte verletzungsträchtig, die Fahrzeiten dauerten zu lang und die Fahrpläne seien unausgewogen. Tatsächlich mussten in den Anfangswochen die Betriebspläne mehrfach umgestellt werden, und im Oktober 1957 forderte die Kommunale Arbeitsgemeinschaft für Mürwik gar die Wiedereinführung des Straßenbahnverkehrs.[57] Dies alles änderte jedoch nichts an der getroffenen Entscheidung, deren wegweisende Richtigkeit sich in den Folgejahren erweisen sollte.

Aufgegraben. Im Bereich Bismarckstraße werden die alten Straßenbahngleise beseitigt, Mai 1961 (shz/ Scheich).

Aufgenommen. Bagger heben den Schienenstrang aus dem alten Gleisbett entlang der Mürwiker Straße (shz/ Scheich).

Der Gleiskörper war wartungsintensiv und bei ungünstiger Witterung störungsanfällig (Stadtarchiv Flensburg).

Für Räumdienste und andere Widrigkeiten standen zu Arbeitswagen umgebaute ältere Triebwagen zur Verfügung (shz/ Scheich).

Bei Schäden etwa an den Fahrdrähten kam der Werkstattwagen zum Einsatz (Sammlung Aktiv Bus).

Bei Gleisbau-Arbeiten oder sonstigen Trassenbehinderungen wechselten die Straßenbahnen mittels einer „Kletterweiche" auf das Parallelgleis über (Sammlung Fischer).

Ein Unfall als Omen: Zusammenstoß von Obus und Straßenbahn. Die Zukunft gehörte dem Autobus (Stadtarchiv Flensburg).

Schon seit Ende der 1920er Jahre waren stadteigene Autobusse auf bestimmten Strecken, etwa zum Friedhof Friedenshügel oder zur Grenze nach Krusau, im Einsatz. In den 1950er Jahren gewann der Autobus schließlich auch im innenstädtischen Verkehr die Oberhand. Hier als ein frühes Beispiel der Nachkriegs-Autobus 2, Typ Büssing TU 7 (Sammlung Aktiv Bus).

Städtischer Nachkriegs-Autobus 3/ Typ Büssing 5000 TU (Sammlung Aktiv Bus).

Städtischer Nachkriegs-Autobus 4/ Typ Büssing 5000 TU (Sammlung Aktiv Bus).

Städtischer Nachkriegs-Autobus 5/ Typ Büssing 4000 T (Sammlung Aktiv Bus).

Seit dem 15. September 1957 geht es im ÖPNV nur noch per Bus nach Mürwik (Sammlung Aktiv Bus).

2.8 Einmann-Betrieb und Roter Punkt. Die letzten Jahre der Linie 1 (1957 – 1973)

Die Weichenstellungen des Jahres 1957 hatten die zuvor drei Systeme umfassende kommunale Nahverkehrsbedienung auf zwei Systeme reduziert: den zukunftsweisenden Autobus und die letztverbliebene Straßenbahnlinie 1, welche zwischen Ostseebadweg und Bundesbahnhof verkehrte. Die Flensburger Straßenbahn war damit fast auf ihre ursprüngliche Ausbausituation zurückgefallen. Einer gänzlichen Einstellung des Straßenbahnbetriebes schon 1957 hatte der noch relativ neuwertige Wagenpark entgegengestanden sowie der Umstand, daß die Trassenführung durch die Innenstadt den Wünschen der Bevölkerung im Norden der Stadt entgegen kam.

Parallel zum Rückbau der Straßenbahn schritt der Ausbau des Omnibus-Netzes schritt zügig voran. Die mit billigem Dieseltreibstoff fahrenden Autobusse konnten bei den damals noch stetig steigenden Fahrgastzahlen auf einfache Weise neue Siedlungsräume erschließen und Direktverbindungen herstellen, die früher nur durch Umsteigen erreichbar waren. Hierzu zählte 1957 die Verlängerung der Buslinie 2 bis zu Sonderburger Straße und 1959 bis Klues, sowie die Eröffnung der Buslinie 4 im Jahre 1960 vom ZOB nach Fuchskuhle in das sich seinerzeit entwickelnde Gewerbe- und Industriegebiet im Süden der Stadt. 1963 folgte die neu eröffnete Buslinie 5 Johannisgarten – Bundesbahnhof, später verlängert bis Kiefernweg.[58]

Durch die anhaltende Motorisierung und den Wohnungswechsel in Landgebiete setzte jedoch seit 1963 eine stetige Fahrgastabwanderung ein, die ab 1965 die Anpassung des Verkehrsangebotes an die Nachfrage so-

Rationalisierung im ÖPNV während der 1960er Jahre: Zunächst werden die Busse, dann auch die Straßenbahn-Motorwagen auf Einmann-Betrieb umgestellt. Der Fahrgast wird zum „Selbst-Entwerter".

Hier wird's eng. Die rasche Zunahme des Kraftfahrzeugverkehrs führte immer häufiger zu Verkehrsengpässen, denen die schienengebundene Straßenbahn allerdings nicht ausweichen konnte (shz/ Scheich).

wie eine Optimierung der wirtschaftlichen Effizienz erforderte. Darunter fiel die Umstellung der Omnibusse auf Einmann-Betrieb und Umschulung der Schaffner zu Einmannfahrern. Gleiches vollzog sich nach Ergänzung der Straßenbahnmotorwagen durch Türautomatik und Entwerterbetrieb auch für den Bereich der Straßenbahn. Nur im Beiwagen blieb der Schaffnerbetrieb, auch aus Sicherheitsgründen, aufrecht erhalten.[59]

Aber auch der zunehmende Autoverkehr schuf in Verbindung mit der steigenden Parkplatznot in der Innenstadt neue Probleme für die Straßenbahn. Immer wieder blockierten falsch abgestellte PKW die ungehinderte Durchfahrt der nicht ausweichfähigen Bahn. Da es in den Wagenführern und Schaffnern wegen denkbarer Regressforderungen infolge möglicher Sachbeschädigung untersagt war, die Kraftfahrzeuge durch eigenes Zupacken aus dem Trassenverlauf hinauszuschieben, musste stets die Feuerwehr mit einem Kranwagen ausrücken. Dieser aber war wegen der engen Innenstadtstraßen nicht allerorts einsetzbar, so daß nicht selten Feuerwehr-Männer im Verein mit Polizisten und tatkräftige Passanten einen blockierenden PKW per Hand anhoben und zur Seite setzten.

Das Angebot der Verkehrsbetriebe war leistungsstark und in der Fläche weitgreifend. Dennoch schufen die betriebsnotwendigen Erhöhungen der Fahrpreise verständlicherweise wenig Freude unter der Bevölkerung. Durch die Ausgabe von verbilligten Mehrfach-Fahrscheinen, Monatskarten und vergünstigten Tarifen für bestimmte Sozialgruppen bemühten sich die städtischen Verkehrsbetriebe um einen kompensatorischen Ausgleich für Vielfahrer oder auf Straßenbahn und Bus angewiesene

Das Busnetz breitet sich aus: 1959 wird Klues angeschlossen (Sammlung Aktiv Bus).

Das Depot an der Apenraderstraße diente sowohl der Straßenbahn als auch dem Autobus als Heimstatt. Hier die Nordseite mit der Straßenbahnausfahrt ... (Sammlung Aktiv Bus).

... und hier die südliche Depotseite mit dem Bushof (Sammlung Aktiv Bus).

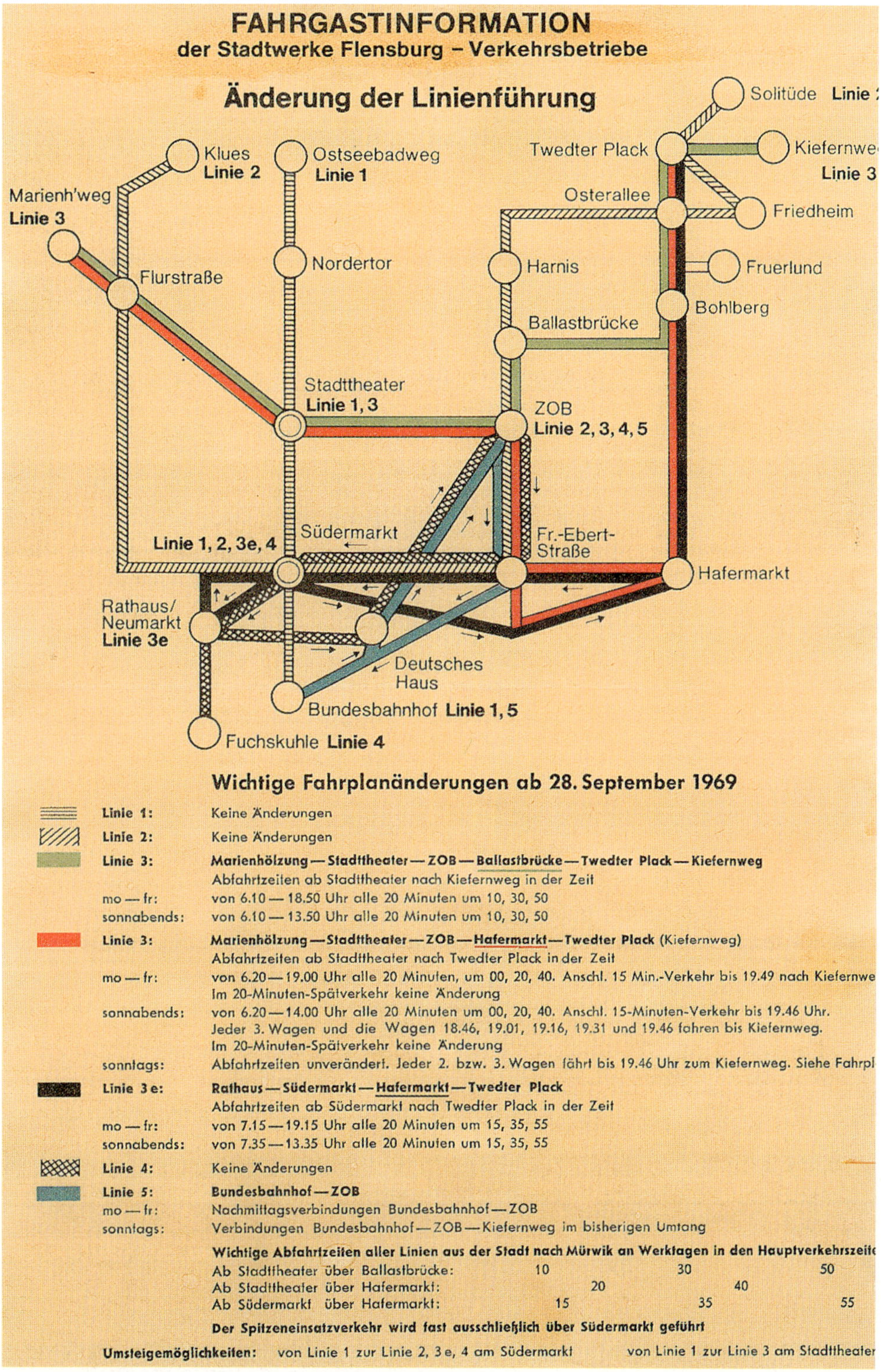

Wichtige Fahrplanänderungen ab 28. September 1969

Linie 1: Keine Änderungen

Linie 2: Keine Änderungen

Linie 3: **Marienhölzung — Stadttheater — ZOB — Ballastbrücke — Twedter Plack — Kiefernweg**
Abfahrtzeiten ab Stadttheater nach Kiefernweg in der Zeit
mo — fr: von 6.10 — 18.50 Uhr alle 20 Minuten um 10, 30, 50
sonnabends: von 6.10 — 13.50 Uhr alle 20 Minuten um 10, 30, 50

Linie 3: **Marienhölzung — Stadttheater — ZOB — Hafermarkt — Twedter Plack** (Kiefernweg)
Abfahrtzeiten ab Stadttheater nach Twedter Plack in der Zeit
mo — fr: von 6.20 — 19.00 Uhr alle 20 Minuten, um 00, 20, 40. Anschl. 15 Min.-Verkehr bis 19.49 nach Kiefernwe
Im 20-Minuten-Spätverkehr keine Änderung
sonnabends: von 6.20 — 14.00 Uhr alle 20 Minuten um 00, 20, 40. Anschl. 15-Minuten-Verkehr bis 19.46 Uhr.
Jeder 3. Wagen und die Wagen 18.46, 19.01, 19.16, 19.31 und 19.46 fahren bis Kiefernweg.
Im 20-Minuten-Spätverkehr keine Änderung
sonntags: Abfahrtzeiten unverändert. Jeder 2. bzw. 3. Wagen fährt bis 19.46 Uhr zum Kiefernweg. Siehe Fahrpl

Linie 3e: **Rathaus — Südermarkt — Hafermarkt — Twedter Plack**
Abfahrtzeiten ab Südermarkt nach Twedter Plack in der Zeit
mo — fr: von 7.15 — 19.15 Uhr alle 20 Minuten um 15, 35, 55
sonnabends: von 7.35 — 13.35 Uhr alle 20 Minuten um 15, 35, 55

Linie 4: Keine Änderungen

Linie 5: **Bundesbahnhof — ZOB**
mo — fr: Nachmittagsverbindungen Bundesbahnhof — ZOB
sonntags: Verbindungen Bundesbahnhof — ZOB — Kiefernweg im bisherigen Umfang

Wichtige Abfahrtzeiten aller Linien aus der Stadt nach Mürwik an Werktagen in den Hauptverkehrszeit

Ab Stadttheater über Ballastbrücke:	10			30			50
Ab Stadttheater über Hafermarkt:			20		40		
Ab Südermarkt über Hafermarkt:		15				35	55

Der Spitzeneinsatzverkehr wird fast ausschließlich über Südermarkt geführt

Umsteigemöglichkeiten: von Linie 1 zur Linie 2, 3 e, 4 am Südermarkt von Linie 1 zur Linie 3 am Stadttheater

Winterfahrplan der Flensburger Verkehrsbetriebe 1969 *(Sammlung Lönneker).*

Bevölkerungsteile. Diesem Gedanken folgte auch die Fahrpreiserhöhung von 1970. Sie aber rief ungeahnte Protestaktionen hervor.[60] Den geistigen Hintergrund des durch die Initiative "Aktion Roter Punkt" organisierten und zumeist von Jugendlichen auf die Straße getragenen Widerstandes bildete die "68er-Bewegung", die aus den studentischen Metropolen nun auch die Provinz erreichte. In der Landeshauptstadt Kiel

Protest gegen Fahrpreiserhöhungen im Mai 1970. Demonstration auf dem Südermarkt (Stadtarchiv Flensburg).

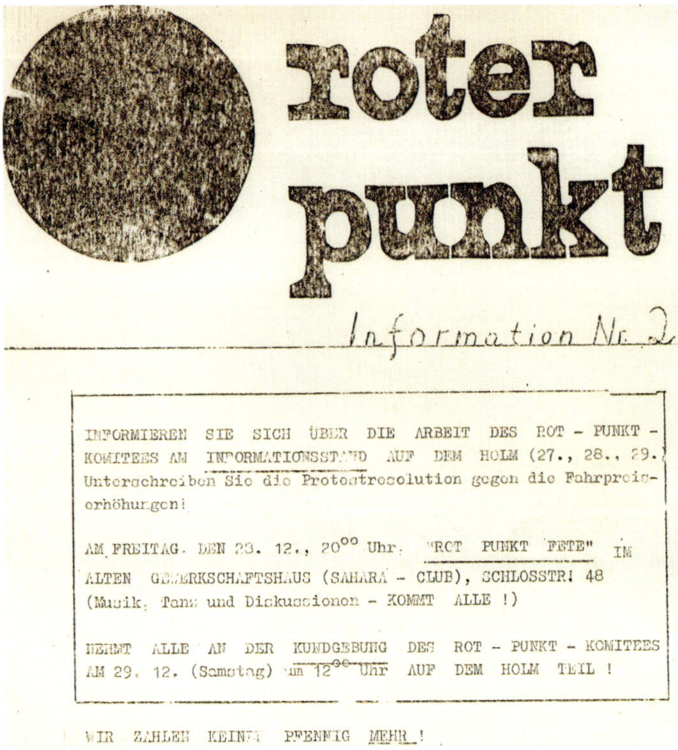

roter punkt

Information Nr. 2

INFORMIEREN SIE SICH ÜBER DIE ARBEIT DES ROT - PUNKT - KOMITEES AM INFORMATIONSSTAND AUF DEM HOLM (27., 28., 29.) Unterschreiben Sie die Protestresolution gegen die Fahrpreiserhöhungen!

AM FREITAG, DEN 23. 12., 20[00] Uhr: "ROT PUNKT FETE" IM ALTEN GEWERKSCHAFTSHAUS (SAHARA - CLUB), SCHLOSSTR. 48 (Musik, Tanz und Diskussionen - KOMMT ALLE !)

NEHMT ALLE AN DER KUNDGEBUNG DES ROT - PUNKT - KOMITEES AM 29. 12. (Samstag) um 12[00] Uhr AUF DEM HOLM TEIL !

WIR ZAHLEN KEINEN PFENNIG MEHR !

Protest-Flugblatt der „Aktion Roter Punkt" (Sammlung Kjaersgaard).

waren Universitätsvorlesungen durch „go ins" und das Kultusministerium durch „sit-ins" betroffen, an den Gymnasien im Lande traten ganzen Oberstufen in den „Streik". Die Auslieferung von angeblich „repressiven" Presseerzeugnissen wurde verhindert und auch die öffentlichen Verkehrsbetriebe gerieten zum Ziel ideologischer Protestaktionen. Im Zusammenhang mit den am 1. Mai 1970 in Kraft tretenden Fahrpreiserhöhungen für die Flensburger Bus- und Straßenbahnlinien, rief die örtliche „Aktion Roter Punkt" zu Demonstrationen auf. Man forderte in letzter

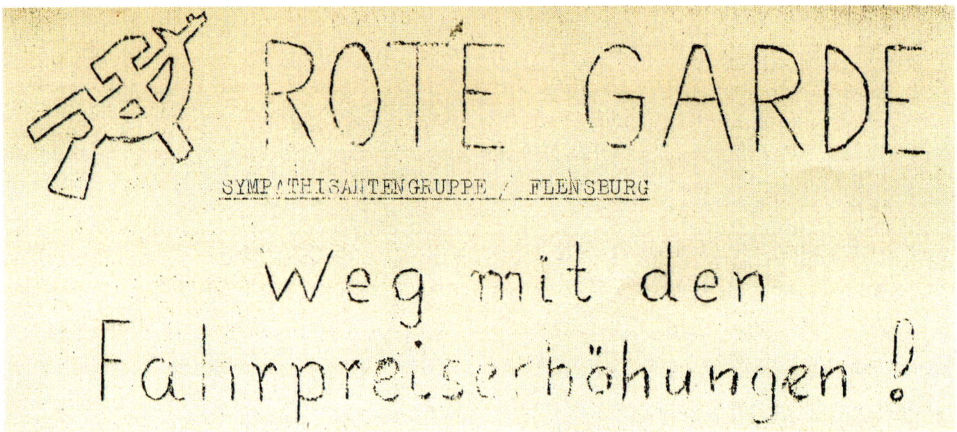

ROTE GARDE

SYMPATHISANTENGRUPPE / FLENSBURG

Weg mit den Fahrpreiserhöhungen !

„Weg mit den Fahrpreiserhöhungen". Protest-Flugblatt der „Aktion Roter Punkt" (Sammlung Kjaersgaard).

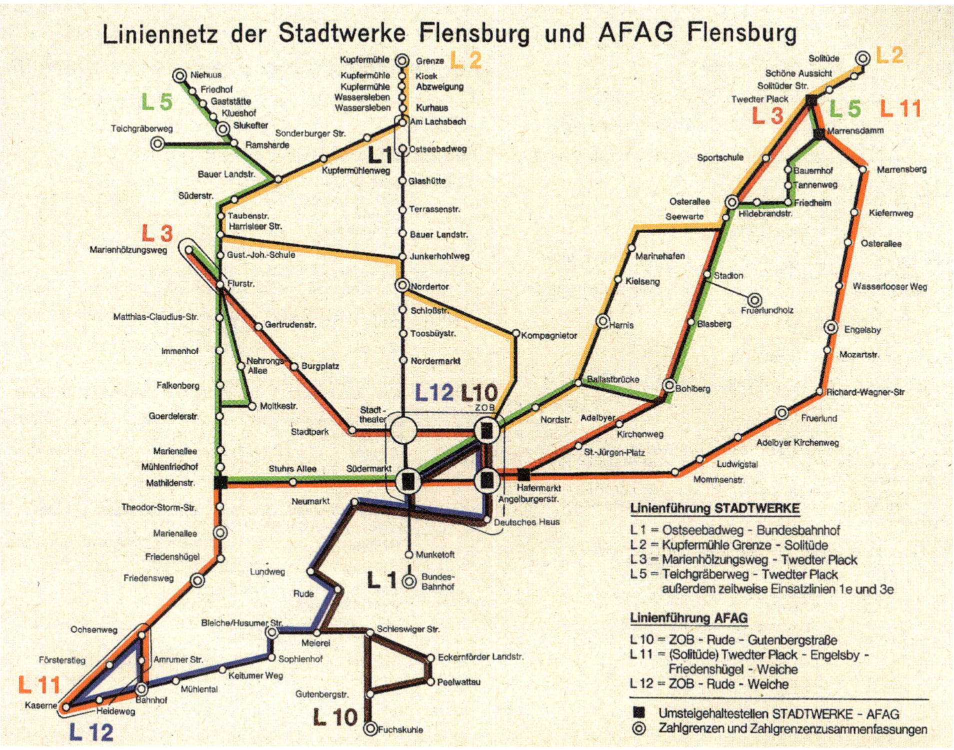

Tarifgemeinschaft. Kombinierter Liniennetz-Plan der Stadtwerke Flensburg und der AFAG Flensburg, Sommer 1971 (Stadtarchiv Flensburg).

Konsequenz freie Fahrt zum Arbeitsplatz und eine angeblich sozial gerechtere Tarifstruktur. Im Nachgang der friedlichen Demonstrationen kam es dann während einiger Tage wiederholt zu Fahrbahnblockaden, vorsätzlichen Behinderungen des Fahrdienstes und einzelnen Sachbeschädigungen, die den Einsatz von Polizeikräften und Festnahmen zumeist jugendlicher Protestler nach sich zogen.[61]

Entscheidender als die rasch abebbende Protestwelle war für das öffentlicher Nahverkehrswesen in Flensburger jedoch die am 23. Mai 1971 gegründete Verkehrs- und Tarifgemeinschaft der Städtischen Verkehrsbetriebe mit der privaten Flensburger Autobus-Gesellschaft (AFAG). Vorausgegangen war ein mehrjähriger Abstimmungsprozess, der umfangreiche Verkehrszählungen ebenso einschloss wie die nicht einfache Abgrenzung der innerstädtischen Bedienräume, den Austausch zuvor parallel betriebener Fahrstrecken sowie die Ermittlung eines wirtschaftlichen Gemeinschaftstarifes. Seither war es möglich, zu einem einheitlichen Tarif innerhalb der Stadt zwischen den Linien der Stadtwerke und der AFAG umzusteigen. Nach Eingemeindung der Orte Adelby und Tarup in das Stadtgebiet im Jahre 1976 wurde zudem die Autokraft Kiel mit ihrer Linie Tarup–Flensburg in die Gemeinschaft mit einbezogen.[62]

Linie 1 vor der Stilllegung: Nördliche Wende-Haltestelle Ostseebad. „Alles einsteigen, bitte!" (Sammlung Mösken).

Linie 1 vor der Stilllegung: Abfahrt Ostseebadweg entlang der Apenraderstraße nach Süden (Sammlung Mösken).

Linie 1 vor der Stilllegung: Ecke Apenraderstraße/ Batteriestraße (Sammlung Mösken).

Linie 1 vor der Stilllegung: Ecke Apenraderstraße/ Neustadt (Sammlung Mösken).

Linie 1 vor der Stilllegung: Um das Nordertor herum in die Norderstraße (Sammlung Mösken).

Linie 1 vor der Stilllegung: Norderstraße Höhe Marientreppe (Sammlung Christesen).

Linie 1 vor der Stilllegung: Holm Höhe Nikolaistraße (Sammlung Mösken).

Linie 1 vor der Stilllegung: Haltestelle Südermarkt (Sammlung Mösken).

Linie 1 vor der Stilllegung: Abfahrt Südermarkt in die Todsenstraße (Sammlung Mösken).

Linie 1 vor der Stilllegung: Südliche Wende-Haltestelle Bundesbahnhof (Sammlung Mösken).

Diese Initiativen unterstrichen nachhaltig die künftige Betreibung des Flensburger ÖPNV mittels kraftstoffbetriebener Autobusse. Die Bedienung mittels zweier, nicht kompatibler Systeme war auf Dauer unwirtschaftlich. Die letztverbliebene Straßenbahntrasse der Linie 1 sah ihrem Ende entgegen.

In Absehung dieser unausweichlichen Tatsache, hatten die Verkehrsbetriebe das Straßenbahn-Personal seit geraumer Zeit durch Umschulung und Ausscheiden über das vorgezogene Altersruhegeld weitgehend reduziert. Als 1972/73 der Fahrzeugpark der Straßenbahn, insbesondere aber die Schienen und die Oberleitung, weitgehend abgenutzt waren, und im mittlerweile zur Fußgängerzone umgewandelten Straßenzug Große Straße – Holm die Verlegung von Fernwärmerohren anstand, erfolgte am 3. Juni 1973 die Stillegung der letzten Straßenbahnlinie 1.

Von der Verkehrsader zur Einkaufsmeile: Der seit 1968 zur Fußgängerzone umgewandelte Holm stand für ein modernes innenstädtisches Planungskonzept, in dem die Straßenbahn keinen Platz mehr fand (Stadtarchiv Flensburg).

2.9 Letzte Fahrt der Flensburger Straßenbahn am 3. Juni 1973

Das Ende der Flensburger Straßenbahn beruhte, wie schon ihre Gründung, auf betriebswirtschaftlichen Überlegungen. Andererseits bedeutete das 65 Jahre betriebene Verkehrsmittel für manchen Flensburger mittlerweile ein Stück lokaler Identität. Man erinnerte sich der ersten Fahrten in den Kinder- und Jugendjahren, der kleinen Geschichten und Erlebnisse, die dieses Kommunikation stiftende Verkehrsmittel so häufig produziert hatte. Nicht jedem fiel der Abschied daher leicht, und die Verkehrsbetriebe nahmen diese Stimmung durchaus wahr, weshalb man den letzten Tag der Flensburger Straßenbahn, den 3. Juni 1973, zusammen mit örtlichen und auswärtigen Schienenverkehrsfreunden als Lokalereignis unter Ausrichtung zahlreicher Sonderfahrten gestaltete:[63]

Stadtwerke Flensburg
Verkehrsbetriebe

Fahrplan Winter 1972/73

Gültig vom 1. Oktober 1972 bis 2. Juni 1973

Linie 1 - Straßenbahn

Ostseebadweg – Nordertor – Toosbüystraße – Stadttheater – Südermarkt – Bundesbahnhof und zurück

Montag bis Freitag Straßenbahn-Linie 1

Ostseebadweg	ab	4.40	5.10	5.22	5.37	5.52	6.00	6.07	6.15	6.22	weiter alle 7-8 Minuten bis	18.45	18.56	19.11	19.26	19.41	19.56	20.26	weiter alle 30 Minuten bis	22.56
Bauer Landstraße		4.44	5.14	5.26	5.41	5.56	6.04	6.11	6.19	6.26		18.49	19.00	19.15	19.30	19.45	20.00	20.30		23.00
Nordertor		4.46	5.16	5.28	5.43	5.58	6.06	6.13	6.21	6.28		18.51	19.02	19.17	19.32	19.47	20.02	20.32		23.02
Toosbüystraße		4.49	5.19	5.31	5.46	6.01	6.09	6.16	6.24	6.31		18.54	19.05	19.20	19.35	19.50	20.05	20.35		23.05
Stadttheater L 2, 3		4.52	5.22	5.34	5.49	6.04	6.12	6.19	6.27	6.34		18.57	19.08	19.23	19.38	19.53	20.08	20.38		23.08
Süderm. L 5, 10, 11, 12, 3e		4.54	5.24	5.36	5.51	6.06	6.14	6.21	6.29	6.36		18.59	19.10	19.25	19.40	19.55	20.10	20.40		23.10
Bundesbahnhof	an	4.58	5.28	5.40	5.55	6.10	6.18	6.25	6.33	6.40		19.03	19.14	19.29	19.44	19.59	20.14	20.44		23.14

Bundesbahnhof	ab	5.00	5.23	5.44	5.59	6.14	6.22	6.29	6.37	6.44	weiter alle 7-8 Minuten bis	18.59	19.07	19.16	19.31	19.46	20.01	20.20	20.55	21.20	21.50	22.20	22.55	23.20
Süderm. L 5, 10, 11, 12, 3e		5.05	5.34	5.49	6.04	6.19	6.27	6.34	6.42	6.49		19.04	19.12	19.21	19.36	19.51	20.06	20.25	21.00	21.25	21.55	22.25	23.00	23.25
Stadttheater L 2, 3		5.07	5.36	5.51	6.06	6.21	6.29	6.36	6.44	6.51		19.06	19.14	19.23	19.38	19.53	20.08	20.27	21.02	21.27	21.57	22.27	23.02	23.27
Toosbüystraße		5.09	5.38	5.53	6.08	6.23	6.31	6.38	6.46	6.53		19.08	19.16	19.25	19.40	19.55	20.10	20.29	21.04	21.29	21.59	22.29	23.04	23.29
Nordertor		5.12	5.41	5.56	6.11	6.26	6.34	6.41	6.49	6.56		19.11	19.19	19.28	19.43	19.58	20.13	20.32	21.07	21.32	22.02	22.32	23.07	23.32
Bauer Landstraße		5.14	5.43	5.58	6.13	6.28	6.36	6.43	6.51	6.58		19.13	19.21	19.30	19.45	20.00	20.15	20.34	21.09	21.34	22.04	22.34	23.09	23.34
Ostseebadweg	an	5.17	5.46	6.01	6.16	6.31	6.39	6.46	6.54	7.01		19.16	19.24	19.33	19.48	20.03	20.18	20.37	21.12	21.37	22.07	22.37	23.12	23.37

Ostseebadweg – Nordertor – Toosbüystraße – Stadttheater – Südermarkt – Bundesbahnhof und zurück

Sonnabend Straßenbahn-Linie 1

Ostseebadweg	ab	5.10	5.30	5.45	5.58	6.13	6.28	6.43	6.52	7.00	weiter alle 7-8 Minuten bis	13.15	13.26	13.41	13.56	14.11	weiter alle 15 Minuten bis	19.55	20.26	20.56	weiter alle 30 Minuten bis	22.56
Bauer Landstraße		5.14	5.34	5.49	6.02	6.17	6.32	6.47	6.56	7.04		13.19	13.30	13.45	14.00	14.15		20.00	20.30	21.00		23.00
Nordertor		5.16	5.36	5.51	6.04	6.19	6.34	6.49	6.58	7.06		13.21	13.32	13.47	14.02	14.17		20.02	20.32	21.02		23.02
Toosbüystraße		5.19	5.39	5.54	6.07	6.22	6.37	6.52	7.01	7.09		13.24	13.35	13.50	14.05	14.20		20.05	20.35	21.05		23.05
Stadttheater L 2, 3		5.22	5.42	5.57	6.10	6.25	6.40	6.55	7.04	7.12		13.27	13.38	13.53	14.08	14.23		20.08	20.38	21.08		23.08
Süderm. L 5, 10, 11, 12		5.24	5.44	5.59	6.12	6.27	6.42	6.57	7.06	7.14		13.29	13.40	13.55	14.10	14.25		20.10	20.40	21.10		23.10
Bundesbahnhof	an	5.28	5.48	6.03	6.16	6.31	6.46	7.01	7.10	7.18		13.33	13.44	13.59	14.14	14.29		20.14	20.44	21.14		23.14

Bundesbahnhof	ab	5.29	5.52	6.07	weiter alle 15 Minuten bis	7.07	7.14	7.22	weiter alle 7-8 Minuten bis	13.37	13.46	14.01	14.16	weiter alle 15 Minuten bis	19.16	19.31	19.46	20.01	20.20	20.55	21.20	21.50	22.20	22.55	23.20
Süderm. L 5, 10, 11, 12		5.34	5.57	6.12		7.12	7.19	7.27		13.42	13.51	14.06	14.21		19.21	19.36	19.51	20.06	20.25	21.00	21.25	21.55	22.25	23.00	23.25
Stadttheater L 2, 3		5.36	5.59	6.14		7.14	7.21	7.29		13.44	13.53	14.08	14.23		19.23	19.38	19.53	20.08	20.27	21.02	21.27	21.57	22.27	23.02	23.27
Toosbüystraße		5.38	6.01	6.16		7.16	7.23	7.31		13.46	13.55	14.10	14.25		19.25	19.40	19.55	20.10	20.29	21.04	21.29	21.59	22.29	23.04	23.29
Nordertor		5.41	6.04	6.19		7.19	7.26	7.34		13.49	13.58	14.13	14.28		19.28	19.43	19.58	20.13	20.32	21.07	21.32	22.02	22.32	23.07	23.32
Bauer Landstraße		5.43	6.06	6.21		7.21	7.28	7.36		13.51	14.00	14.15	14.30		19.30	19.45	20.00	20.15	20.34	21.09	21.34	22.04	22.34	23.09	23.34
Ostseebadweg	an	5.46	6.09	6.24		7.24	7.31	7.39		13.54	14.03	14.18	14.33		19.33	19.48	20.03	20.18	20.37	21.12	21.37	22.07	22.37	23.12	23.37

Ostseebadweg – Nordertor – Toosbüystraße – Stadttheater – Südermarkt – Bundesbahnhof und zurück

Sonn- und Feiertag Straßenbahn-Linie 1

Ostseebadweg	ab	5.37	6.30	6.50	7.10	weiter alle 20 Minuten bis	12.30	12.41	12.56	13.11	13.26	weiter alle 15 Minuten bis	19.56	20.26	20.56	weiter alle 30 Minuten bis	22.26	22.56
Bauer Landstr.		5.41	6.34	6.54	7.14		12.34	12.45	13.00	13.15	13.30		20.00	20.30	21.00		22.30	23.00
Nordertor		5.43	6.36	6.56	7.16		12.36	12.47	13.02	13.17	13.32		20.02	20.32	21.02		22.32	23.02
Toosbüystraße		5.46	6.39	6.59	7.19		12.39	12.50	13.05	13.20	13.35		20.05	20.35	21.05		22.35	23.05
Stadttheater L 3		5.49	6.42	7.02	7.22		12.42	12.53	13.08	13.23	13.38		20.08	20.38	21.08		22.38	23.08
Südermarkt L 5, S		5.51	6.44	7.04	7.24		12.44	12.55	13.10	13.25	13.40		20.10	20.40	21.10		22.40	23.10
Bundesbahnhof	an	5.55	6.48	7.08	7.28		12.48	12.59	13.14	13.29	13.44		20.14	20.44	21.14		22.44	23.14

Bundesbahnhof	ab	6.00	6.50	7.10	7.30	weiter alle 20 Minuten bis	12.10	12.30	12.50	13.01	13.16	weiter alle 15 Minuten bis	19.16	19.31	19.46	20.01	20.20	20.55	21.20	21.50	22.20	22.55	23.20
Südermarkt L 5, S		6.05	6.55	7.15	7.35		12.15	12.35	12.55	13.06	13.21		19.21	19.36	19.51	20.06	20.25	21.00	21.25	21.55	22.25	23.00	23.25
Stadttheater L 3		6.07	6.57	7.17	7.37		12.17	12.37	12.57	13.08	13.23		19.23	19.38	19.53	20.08	20.27	21.02	21.27	21.57	22.27	23.02	23.27
Toosbüystraße		6.09	6.59	7.19	7.39		12.19	12.39	12.59	13.10	13.25		19.25	19.40	19.55	20.10	20.29	21.04	21.29	21.59	22.29	23.04	23.29
Nordertor		6.12	7.02	7.22	7.42		12.22	12.42	13.02	13.13	13.28		19.28	19.43	19.58	20.13	20.32	21.07	21.32	22.02	22.32	23.07	23.32
Bauer Landstr.		6.14	7.04	7.24	7.44		12.24	12.44	13.04	13.15	13.30		19.30	19.45	20.00	20.15	20.34	21.09	21.34	22.04	22.34	23.09	23.34
Ostseebadweg	an	6.17	7.07	7.27	7.47		12.27	12.47	13.07	13.18	13.33		19.33	19.48	20.03	20.18	20.37	21.12	21.37	22.07	22.37	23.12	23.37

Der letzte Flensburger Straßenbahn-Fahrplan: Linie 1, Winter 1972/73 (Sammlung Fischer).

„*10.30 Uhr*
Straßenbahnzug (Triebwagen und zwei Beiwagen) wird am Ostseebadweg bereitgestellt
10.45 Uhr
Abfahrt zum Bundesbahnhof
11.15 Uhr
Abfahrt ab Bahnhof mit Mitgliedern des Vereins der Freunde des Schienenverkehrs Flensburg und Gästen des ‚Kolding Lokomotivklub'
12.15 Uhr
Rückkehr zum Bundesbahnhof
12.30 – 13.30 Uhr
Freie Fahrt für alle zwischen Bahnhof und Ostseebadweg
13.45 Uhr
Abfahrt Bahnhof bis Haltestelle Nordermarkt, dort wird ein Triebwagen mit eventuell ein bis zwei Beiwagen für den Festumzug der dänischen Minderheit bereitstehen.
14.00 Uhr
Hinter der Eisenbahnkapelle aus Pattburg wird der Straßenbahnzug im Festzug mitfahren
14.20 Uhr
Ausscheren aus dem Festzug an der Kreuzung Neustadt/ Harrislee/Gasstraße und Rückfahrt zum Ostseebadweg
14.45 Uhr
Bereitstellung zur endgültig letzten Fahrt ab Betriebshof. Ansprache von Stadtpräsident Artur Thomsen.
14.55 Uhr
Abfahrt ab Betriebshof mit Mitgliedern der Ratsversammlung, des Magistrats der Stadt Flensburg, Betriebsangehörigen der Verkehrsbetriebe und Rentnern zum Ostseebadweg und zurück. Diese allerletzte Fahrt ist geladenen Gästen vorbehalten."

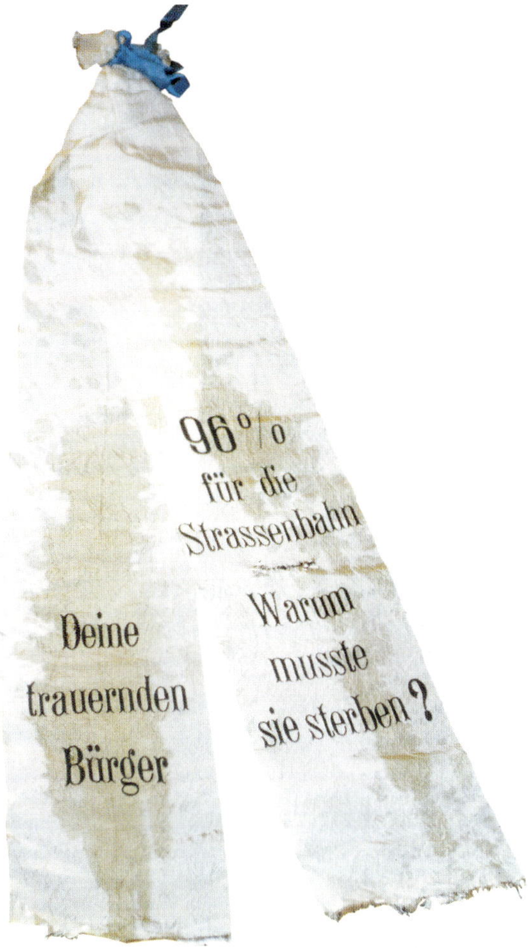

Letzte Fahrt, 3. Juni 1973: Das alte Dilemma - Tradition versus Betriebswirtschaft (Sammlung Nickel).

Es war ein Abschied von einem Verkehrsmittel, welches sich in Flensburg großer Beliebtheit erfreute, weil es wegen der eigenen Trasse auch im morgendlichen und abendlichen Berufsverkehr ein zügiges Vorankommen ermöglichte. Die Autobusse waren in die Fließgeschwindigkeit des allgemeinen Verkehrs eingebunden und wurden schon damals durch Stauungen des Individualverkehrs beeinträchtigt. In der Zeit zwischen 1973 und 1977 fanden jedoch Linienänderungen und weitere Anpassungen des Angebots an die Verkehrsnachfrage statt, die durch Einführung von 13 Gelenkbussen wieder zu einer Verkehrsbedienung ähnlich wie zu Zeiten der Straßenbahn führten.

Letzte Fahrt, 3. Juni 1973: Vorbereitungen für die Abschiedsfahrt. Triebwagen 41 wird in der Wagenhalle herausgeputzt (Sammlung Aktiv Bus).

Letzte Fahrt, 3. Juni 1973: Triebwagen 35 mit Tannengrün-Girlanden auf dem Depotgelände (Sammlung Aktiv Bus).

Letzte Fahrt, 3. Juni 1973: Stadtpräsident Thomsen (rechts) findet die passenden Worte (Sammlung Aktiv Bus).

Letzte Fahrt, 3. Juni 1973: Festlich geschmückt führt die Abschiedsfahrt am Nordermarkt vorbei (Sammlung Aktiv Bus).

Letzte Fahrt, 3. Juni 1973: Noch einmal durch die Große Straße (Sammlung Aktiv Bus).

Letzte Fahrt, 3. Juni 1973: Am Kloster und dem Deutschen Haus vorbei geht es die Bahnhofstraße hinauf ... (Sammlung Aktiv Bus).

... wo von der Brücke herab die Eisenbahn-Freunde ihren Abschiedsgruß entbieten, 3. Juni 1973 (Sammlung Aktiv Bus).

Letzte Fahrt, 3. Juni 1973: Triebwagen 35 biegt auf den Bahnhofsvorplatz ein. Die beiden Damen sehen ein Stück ihrer Alltagsgeschichte ein letztes Mal an sich vorüberfahren (Sammlung Mösken).

Letzte Fahrt, 3. Juni 1973: Vor dem Bahnhof drängt sich zum Abschied die Bevölkerung (Sammlung Mösken).

Letzte Fahrt, 3. Juni 1973: Straßenbahn-Freund Speck trägt Trauer (Sammlung Lönneker).

Letzte Fahrt, 3. Juni 1973: Der Abschiedskranz mit Schärpe vorn am Triebwagen 41 (Sammlung Lönneker).

Die Werkstätten wurden nach Einstellung des Straßenbahnbetriebes saniert und auf die modernen Bedürfnisse eines Omnibusbetriebes umgestellt. Wie beabsichtigt, konnten auch hier, wie schon zuvor im Fahrdienst, erhebliche Einsparungen an Personal und Betriebseinrichtungen erzielt werden. Waren 1957 noch insgesamt 214 Beschäftigte im Verkehrsbetrieb der Stadtwerke tätig, so waren es 1981 nur noch 110 Personen – und dies bei reduzierter wöchentlicher Arbeitszeit, verlängertem Urlaub, steigenden Ausfalltagen und dennoch gleicher Betriebsleistung.[64]

Die Einstellung der Flensburger Straßenbahn war eine seinerzeit betriebswirtschaftlich richtige Entscheidung. Allerdings erfolgte sie unter Bevorzugung eines auf die Verbrennung fossiler Brennstoffe beruhenden Antriebssystems. Die langfristige Zukunft dürfte aus heutiger Sicht aber nicht dem per Dieselmotor betriebenen Autobus, sondern jenem mit Wasserstoff- oder Brennstoffzellenantrieb gehören.

Jenseits allen Technik-Wandels ist jedoch bis heute in Flensburg ein von Technik-Enthusiasten liebevoll gepflegter Erinnerungskult an die Straßenbahn lebendig, die sich über 65 Jahre hindurch nicht nur durch Flensburgs Straßen, sondern auch in die Herzen der Einwohner „klingelte".

Ab 3. Juni durchgehender Busverkehr rund um die Förde

Sehr geehrter Fahrgast!

Am Sonnabend, dem 2. Juni 1973, wird der Straßenbahnverkehr in unserer Stadt eingestellt. Statt dessen stellt die
Buslinie 1 eine durchgehende Verbindung
vom Lachsbach über Südermarkt bis Twedter Plack
her, mit einer Wagenfolge von 5 Minuten in der Hauptverkehrszeit.

Damit ist die alte Straßenbahnlinie von Mürwik nach Ostseebadweg durch die neue Buslinie wiederhergestellt und bis Klues verlängert worden.

Aus straßenbaulichen und verkehrstechnischen Gründen verläuft die Linie ab Nordertor in Richtung Südermarkt über die Straßen
Schiffbrücke, Norder- und Süderhofenden,
in Gegenrichtung wie bisher durch die Innenstadt.

Moderne und umweltfreundliche Busse lösen die Straßenbahn ab. Die Busmotoren haben sich im Bergwerk unter Tage bewährt und stellen die z. Zt. technisch optimale Lösung dar. Neueste Heizungs- und Lüftungsanlagen sorgen für angenehme klimatische Bedingungen.

Zur Abkürzung der Haltestellenaufenthalte und Reisezeiten
befindet sich ein
2. Entwerter im Bereich der Mitteltür,
der Streifenkartenbenutzern neben Zeitkarteninhabern ein Zusteigen durch diese Tür ermöglicht, wenn keine Fahrgäste mehr aussteigen. Auch beim Fahrer gekaufte **Einzelfahrscheine** sind aus diesem Grund **selbst** zu **entwerten.**

Schneller Entlastungseinsatz bei Verkehrsstörungen und bessere Abstimmungsmöglichkeit am Abend, sonnabendnachmittags und sonntags **beim Umsteigen** wird durch Ausrüstung der neuen Busse mit Funksprechgeräten möglich.

Weitere Änderungen des Liniennetzes und der Zuordnung von Umsteigehaltestellen zueinander waren durch die neue durchgehende Busverbindung und Teilung dieser Linie im Innenstadtbereich notwendig. Näheres hierüber finden Sie auf den folgenden Seiten.

Ihre **STADTWERKE FLENSBURG**

Freie Fahrt für den Autobus (Stadtarchiv Flensburg).

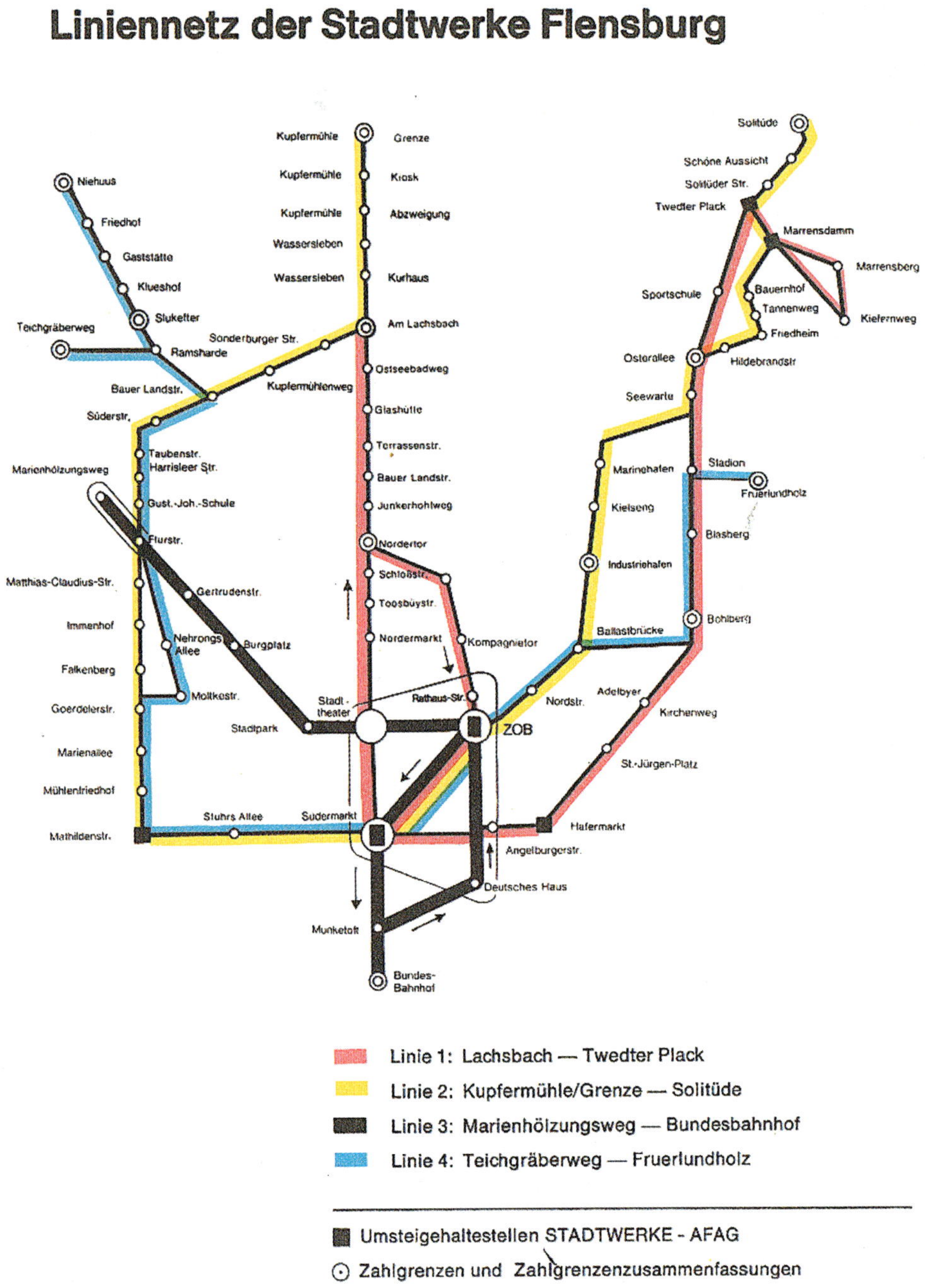

Autobus-Liniennetz der Stadtwerke Flensburg nach dem 3. Juni 1973 (Stadtarchiv Flensburg).

Die Wagenhalle im Wandel. Hier - im Jahre 1970 - noch mit den Trieb- und Beiwagen der Linie 1 (Sammlung Nickel).

Die Wagenhalle im Wandel: Hinten der soeben ausrangierte Straßenbahnwagen, im Vordergrund Autobus Nr. 11 der Linie 4, 26. Juni 1973 (Foto Dirk Kupfer).

Die Wagenhalle im Wandel: Das ehemalige Straßenbahndepot gehört heute ausschließlich dem modernen Autobus, September 2000 (Foto: Dirk Kupfer).

Gelenkbus 24, Typ Setra SG 180 S. Von 1976 bis 1989 bei den Flensburger Verkehrsbetrieben im Einsatz (Sammlung Christesen).

*Gelenkbus 6, Typ Mercedes-Benz O 305 G. Eingesetzt in den Jahren von 1979 bis 1991 (Sammlung Christ
esen).*

Li.: Moderne Bus-Fahrerzentrale, Typ Mercedes-Benz O 405 N 1, hier mit Fahrgeld-Kasse und Rückgeldautomat, September 2000 (Sammlung Westphalen).

Mi.: Die Multifunktions-Instrumententafel des MB O 405 N 1, September 2000 (Sammlung Westphalen).

Un.: Das Wageninnere des MB O 405 N 1. Körpergeformte Einzelsitze in fröhlichem Design. An den Wageneinstiegen vorn und mittig die Selbst-Entwerter für Streifenkarten-Billets, September 2000 (Sammlung Westphalen).

Mobilität für alle mit der „GreenKart" der Aktiv Bus Flensburg, September 2000 (Sammlung Westphalen).

Ausgeklingelt. Die originale Wagenglocke des früheren Triebwagens 43 (Sammlung Nickel).

2.10 Erbe und Erinnerung (1973 – 2001)

Zum Zeitpunkt der Betriebseinstellung am 3. Juni 1973 waren noch elf Triebwagen (Tw33 – TW 43) und acht Beiwagen (Bw 101 – Bw 108) im Einsatz. Sämtliche ältere Typen waren zu diesem Zeitpunkt bereits außer Dienst gestellt und verschrottet: die ehemaligen Pferdebahnwagen, die offenen Triebwagen und Anhänger von 1912, die Wagen der alten Linie 2 (Kreisbahnhof-Marienhölzungsweg) mit den typischen einarmigen Stromabnehmern, die mit zwei Stromabnehmern bestückten Großwagen der Linie 4 (Flensburg-Glücksburg) oder die Obusse aus den vierziger Jahren.[65]
Als im Herbst 1972 die Einstellung des Fahrbetriebes absehbar wurde, keimten zahlreiche Überlegungen auf, wie einzelne Wagen für die Zukunft gesichert und dadurch an ein Stück Flensburger Verkehrsgeschichte erinnert werden könnte. Zunächst war erwogen worden, die Wagen zukünftig in Innsbruck einzusetzen, dessen Schienensystem für den Einsatz der Flensburger Wagen geeignet gewesen wäre. Die Verhandlungen scheiterten jedoch an den hohen Überführungskosten. Und eine Abgabe an Städte in Westdeutschland blieb ebenfalls ohne Ergebnis, da die Flensburger Wagen mit ihren starren Achsen und großem Randstand zu hohem Schienenverschleiß in den Kurven führten.
Der am 18. Oktober 1972 von Dieter Nickel mit anderen Technik-Interessierten gegründete Verein „Freunde des Schienenverkehrs Flensburg" arbeitete für die Errichtung einer Museumsbahn, zumindest aber die Sicherung und Instandhaltung einiger Wagen. Und tatsächlich wurden nach Einstellung der Fahrbetriebes im Juni 1973 verschiedene Anstrengungen unternommen, einzelne Straßenbahn-Wagen zu erhalten. So erreichten die Flensburger „Freunde des Schienenverkehrs" 1974 eine zeitweise Abstellung der Triebwagen 35 und 41 auf dem Werftgelände. Hier wurden die Wagen von Vereinsmit-

Montag, 16. Oktober 1972

Umschau in Flensburg

Straßenbahn als Denkmal an der Nordstraße?

Am Schienenverkehr interessierte Flensburger Bürger beabsichtigen, am kommenden Mittwoch einen „Verein der Freunde des Schienenverkehrs" zu gründen. Diese Gründungsversammlung ist von den Initiatoren auf 20 Uhr im Alt-Flensburger Haus (Straßenbahnhaltestelle Toosbüystraße) angesetzt worden. Als Ziele des zu gründenden Vereins werden u. a. genannt: Pflege der Eisenbahntechnik und Aufstellung einer Straßenbahn als Denkmal an der Nordstraße. Die Flensburger, die diesen Verein gründen möchten, haben sich den „Verein der Straßenbahnfreunde" in Dänemark zum Vorbild genommen, von dem, wie berichtet, am 8. Oktober eine Abordnung in Flensburg war, die das Straßenbahndepot besichtigte und mit einer Sonderfahrt auf der Linie 1 Abschied von der Flensburger Straßenbahn nahm, die voraussichtlich im kommenden Frühjahr stillgelegt werden soll.

Enthusiasten und Technik-Begeisterte finden 1972 im Verein „Freunde des Schienenverkehrs Flensburg" zusammen (Stadtarchiv Flensburg).

gliedern gepflegt und instandgehalten, hoffte der Verein noch auf eine spätere öffentliche Aufstellung der Wagen an einem gebührenden Platze. Als sich dieser nicht finden ließ und die Wagen wiederholt Ziel mutwilliger Zerstörungen geworden waren, erfolgte 1977 schließlich doch die Verschrottung.[66]

Tatsächlich wurden durch Vandalismus immer wieder die vielfältigen Bemühungen zur Erhaltung und öffentlichen Ausstellung einzelner Flensburger Straßenbahnwagen zunichte gemacht. So mussten auch fast sämtliche Wagen, die Flensburger Heimen und Kindergärten als Außen-Spielgeräte übergeben worden waren, nach mutwilliger Zerstörung und der daraus resultierenden Unfall-Gefahr der Verschrottung zugeführt werden.

Einem ähnlichen Schicksal sahen die Triebwagen 33 und 40 sowie der Beiwagen 103 entgegen, die im März 1974 per Bahn nach Hannover in das dort von einem Verein betriebene "Deutsche Straßenbahnmuseum" transportiert wurden. Entgegen der Hoffnung der Flensburger Straßenbahnfreunde wurden die Wagen in Hannover nicht restauriert und in Fahrt gesetzt. Vielmehr standen und stehen die Wagen dort, der Witterung

Trotz vieler Bemühungen der „Schienenverkehrsfreunde" scheiterte die Instandsetzung der Triebwagen 35 und 41 wegen fortgesetzten Vandalismus (Sammlung Nickel).

Einzelne der ausrangierten Straßenbahnwagen, so etwa Tw 43, werden im Zuge der Verwertung ausgebrannt (Sammlung Nickel).

Anfangs war guter Wille überall vorhanden: Verladung des Beiwagens 108 nach Glücksburg/Bremsberg, wo er als Kinderspielgerät dienen sollte, März 1974 (Sammlung Mösken).

Nur wenige Wochen später: Durch Vandalismus zerstört, wurde Beiwagen 108 bereits im Juli 1974 verschrottet (Foto Friedrich Schreiber).

Verladung der Triebwagens 33 und 40 sowie des Beiwagens 103 mit Ziel „Straßenbahnmuseum" Hannover, 29. März 1974 (Sammlung Mösken).

Triebwagen 33, abgestellt im „Hannoverschen Straßenbahn-Museum", Mai 1978 (Sammlung Nickel).

Der aus Hannover rückgeführte Beiwagen 103 wird am 4. Juli 1990 in „Hansens Brauerei" am Nordermarkt „eingepaßt" (Sammlung Nickel).

Der letzte noch heute in Flensburg erhaltene Straßenbahnwagen-Aufbau (Beiwagen 102) steht im dänischen Kindergarten Martinsberg, wo er im April 1998 einen neuen Anstrich erhielt (Sammlung Nickel).

Verladung des Triebwagens 36 mit Ziel Straßenbahnmuseum Roskilde/ Seeland, 23. März 1974 (Sammlung Mösken).

Der letzte Überlebende: Triebwagen 36, fahrtüchtig und betriebsbereit im „Sporvejsmuseet Skjoldenaesholm“ bei Roskilde (Sammlung Nickel).

ungeschützt ausgesetzt, rostend vor sich hin. Nur der Beiwagen 103 erlangte vorübergehend vermehrte Aufmerksamkeit und Pflege, als er 1990 durch die Gaststättenbetreiber von „Hansens Brauerei" als Blickfang in ihr damaliges Lokal am Nordermarkt nach Flensburg zurückgeholt wurde. Im Zuge einer Gaststättenumgestaltung wurde 1998 dann aber auch dieser Wagen zerlegt und verschrottet.[67] Nur ein Straßenbahnwagen ist bis heute in Flensburg erhalten geblieben: der vormalige Beiwagen 102. Er befindet sich im Außenbereich des dänischen Kindergartens Martinsberg, wo er als Spielgerät dient.

Das glücklichste Schicksal allerdings widerfuhr dem Straßenbahntriebwagen 36, der unter den Flensburger Technik-Freunden wegen seiner hölzernen Aufbauten und des Würfels mit der „1" noch gut erinnert wird. Der Triebwagen 36 wurde im März 1974 von der äußerst rührigen „Sporvejshistorisk Selskab" für ihr dänisches Straßenbahnmuseum bei Skjoldenaesholm auf Seeland übernommen.[68] Dort hält die engagierte Vereinigung den Flensburger Wagen bis heute instand und - dank einer museumseigenen Schienentrasse – auch in Bewegung. Ein Besuch lohnt sich!

Verbleib der am Stilllegungstag (3. Juni 1973) noch im Einsatz befindlichen Flensburger Straßenbahnfahrzeuge[69]

Wagen	Baujahr	Hersteller	Ausführung	Verbleib nach Stilllegung
Tw33	1926	HAWA/ Siemens	22 Sitzplätze 37 Stehplätze Verl. Plattform	28.03.1974: ins Straßenbahnmuseum Hannover, seither keine Pflege
Tw34	1926	HAWA/ Siemens	22 Sitzplätze 37 Stehplätze Verl. Plattform	März 1974: zum Sonderkindergarten Langberg/ Handewitt/ Adelby. Verschrottet am 16.11.1978
Tw35	1926	HAWA/ Siemens	22 Sitzplätze 37 Stehplätze Verl. Plattform	November 1974: Werft-Parkplatz Flensburg für Verein „Freunde des Schienenverkehrs Flensburg e.V." Vandalismusschaden. Verschrottet Oktober 1977
Tw36	1926	HAWA/ Siemens	22 Sitzplätze 37 Stehplätze Verl. Plattform	März 1974: ins Straßenbahnmuseum Skjoldenaesholm der „Sporvejshistorisk Selskab" auf Seeland, bis heute erhalten und fahrtüchtig.
Tw37	1951	ELZE/AEG	24 Sitzplätze 50 Stehplätze Verbandstyp	März 1974: zum Elisabethheim Havetoftloit. Verschrottet 1982.

Wagen	Baujahr	Hersteller	Ausführung	Verbleib nach Stilllegung
Tw38	1951	ELZE/ AEG	24 Sitzplätze 50 Stehplätze Verbandstyp	März 1974: zum Kindergarten Oeversee. 1981 im Zuge einer Feuerlöschübung ausgebrannt. 1982 verschrottet
Tw39	1951	ELZE/ AEG	24 Sitzplätze 50 Stehplätze Verbandstyp	05.10.1973: zum dänischen Kindergarten Mürwiker Straße. Verschrottet Juli 1979.
Tw40	1952	Credé/AEG	24 Sitzplätze 50 Stehplätze Verbandstyp	28.3.1974: ins Straßenbahnmuseum Hannover, seither keine Pflege
Tw41	1952	Credé/AEG	24 Sitzplätze 50 Stehplätze Verbandstyp	November 1974: Werft-Parkplatz Flensburg für Verein „Freunde des Schienenverkehrs Flensburg e.V." Vandalismusschaden. Verschrottet Oktober 1977.
Tw42	1954	MAK/AEG	24 Sitzplätze 50 Stehplätze Verbandstyp	06.10.1973: zum Sportplatz Flatzby. Verschrottet 20.07.1978.
Tw43	1954	MAK/AEG	24 Sitzplätze 50 Stehplätze Verbandstyp	06.10.1973: zum Schrottplatz Lassen, dort am 05.02.1974 verschrottet.
Bw101	1954	MAK	24 Sitzplätze 67 Stehplätze Verbandstyp	13.06.1973: zum dänischen Kindergarten Batteriestraße. 1978 verschrottet.
Bw102	1954	MAK	24 Sitzplätze 67 Stehplätze Verbandstyp	Juni 1973: zum dänischen Kindergarten Martinsberg. Dort heute noch erhalten.
Bw103	1954	MAK	24 Sitzplätze 67 Stehplätze Verbandstyp	28.03.1974: ins Straßenbahnmuseum Hannover. 04.07. 1990 Rückführung nach Flensburg, Aufstellung in der Gaststätte „Hansen´s Brauerei" am Nordermarkt. Bei Umzug 1998 verschrottet.
Bw104	1954	MAK	24 Sitzplätze 67 Stehplätze Verbandstyp	Juni 1973: zum dänischen Kindergarten Bachstraße. Verschrottet im Juli 1978.
Bw105	1954	MAK	24 Sitzplätze 67 Stehplätze Verbandstyp	09.06.1973: zum dänischen Kindergarten Sandberg. Verschrottet Juli 1978.
Bw106	1954	MAK	24 Sitzplätze 67 Stehplätze Verbandstyp	Juni 1973: zum dänischen Kindergarten Kupfermühle. Verschrottet 05.12.1978.
Bw107	1954	MAK	24 Sitzplätze 67 Stehplätze Verbandstyp	Juni 1973: zum Spielplatz Osterlükken, Harrislee. Verschrottet September 1973.
Bw108	1954	MAK	24 Sitzplätze 67 Stehplätze Verbandstyp	28.03.1974: zum Spielplatz Bremsberg, Glücksburg. Verschrottet im Juli 1974.

Errichtung des Straßenbahn-Denkmals im Carlisle-Park auf einem Original-Gleisstück der Linie 1, am 27. September 1989 (Sammlung Nickel).

Stummer Zeuge vergangener Zeiten: Eingewachsener Straßenbahn-Oberleitungsmast in der Bismarckstraße, September 2000 (Sammlung Westphalen).

In Flensburg erinnert den stadthistorisch Interessierten im nördlichen Randbereich des Carlisle-Parks, gleich gegenüber dem Hallenbad, ein kurzes, vier Meter langes Original-Trassenstück der alten Linie an die hier einst verkehrende Straßenbahn und damit an ein wichtiges Moment der Flensburger Infrastrukturgeschichte. Den Schienen aufgesetzt ist eine Triebachse mit Kranzrädern und der passenden Spurweite von 1000 Millimetern. Daneben steht ein altes grün-gelbes Straßenbahn-Halteschild. Gestaltet und errichtet wurde dieses Technik-Denkmal am 27. September 1989 vom Flensburger Verschönerungsverein im tatkräftigen Verbund mit Flensburger Firmen, Hilfsdiensten und Behörden.[70]

Der nahezu vollständige Verlust der originalen Straßenbahn-Wagen hat wiederholt örtliche Modell-Bauer zu bemerkenswert detailgetreuen Miniatur-Nachbauten inspiriert. Peter Stammner aus Flensburg-Weiche hat in seiner Garage einen selbstgefertigten Wagenpark zahlreicher Modell-Fahrzeuge der Flensburger Straßenbahn im Maßstab 1:75 rekonstruiert.[71] Und Dieter Nickel, vormals Gründer und Vorsitzender des Vereins „Freunde des Schienenverkehrs Flensburg" sowie bis heute bekennender Straßenbahn-Enthusiast, fertigt in seiner heimischer Werkstatt Modelle im Maßstab 1:20. Außerdem hat Dieter Nickel als kundiger Hobby-Filmer die Flensburger Straßenbahn in früheren Jahren filmisch begleitet und einen eigenen „Flensburger Straßenbahn-Film" mit Original-Tonaufnahmen zusammengestellt.

Die Flensburger Straßenbahn lebt als Modellbahn fort. Peter Stammner hat mit viel Mühe und Liebe zahlreiche Wagen nachgebaut (shz).

Zu den Flensburger Straßenbahn-Enthusiasten zählt Dieter Nickel, der in Vorträgen und Filmen die Erinnerung an das ehemalige Verkehrsmittel wach hält und dessen detailgetreuen Modell-Nachbau betreibt (Sammlung Nickel).

2.11 Gelebte Kameradschaft. Der „Gesang- und Geselligkeitsverein Flensburger Straßenbahner" (1907- 2001)

Bemerkenswert erscheint dem Chronisten abschließend die Tatsache, daß noch heute, annähernd 30 Jahre nach Außerdienststellung der Flensburger Straßenbahn, der alte Gemeinschaftsgeist unter dem ehemaligen Fahrpersonal wach und lebendig ist. In gemeinsamen Feiern und Ausflügen pflegen die alten Straßenbahner zusammen mit jüngeren Kollegen regelmäßig die gemeinsame Begegnung und geben Interessierten gern über die „alten Zeiten" Auskunft. Andere sind, mittlerweile zusammen mit dem Chor der Schleswag, als geschätzte Sänger aktiv.

Die Wurzeln dieses gelebten, heute eher selten gewordenen Miteinanders, liegen Jahrzehnte zurück und sind mit den Anfängen der elektrischen Straßenbahn in Flensburg eng verbunden.[72]

Am 4. Oktober 1907, drei Monate nach Inbetriebnahme der elektrischen Straßenbahn in Flensburg, gründete die damals noch kleine Belegschaft einen betriebsinternen Geselligkeitsverein. Als Namen wählten sie „Club Zick-Zack". Als sich im Jahre 1912 die Belegschaft auf Grund der Inbetriebnahme einer neuen Strecke nach Mürwik verdoppelte, wurde der Wunsch laut, auch einen Männerchor zu gründen. Unter der Leitung des damaligen Fahrdienstleiters Krob wurde ein kleiner Chor, genannt Gesangverein „Volle Kraft", auf die Beine gestellt. Es wurde bis zum Ausbruch des Ersten Weltkrieges fleißig geübt. Nach der erzwungenen Unterbrechung durch den Krieg, begann sofort nach dessen Beendigung wieder die Arbeit in beiden Vereinen. Straßenbahner Peter Jessen leitete den Chor. Ihm folgte 1925 Lehrer Nothorn. Vier Jahre unter seiner Stabführung formten den Chor zu einem respektablem Klangkörper. Im Oktober 1929 übernahm mit Lehrer Ingwertsen ein schneidiger und stets fröhlicher Dirigent die Chorleitung, unter dessen Führung bald 35 aktive Sänger vereint waren. Durch Altrentner- und Liederabende wurden Verein und Chor nun auch in der Bevölkerung bekannt und beliebt. Aber auch außerhalb Flensburgs errang der Verein durch öffentliches Auftreten Beachtung und Wertschätzung.

Die Gleichschaltungsbestrebungen der NS-Diktatur betrafen nach 1933 auch den Straßenbahner-Verein. 1939 hob der damalige Erste Werkleiter den Club auf, um der „Werkschar" Platz zu machen. Geschlossen ging daraufhin der Chor zum Gesangverein „Eintracht" über, bis der Kriegsausbruch auch diesem Wirken ein Ende setzte.

Bald nach Kriegsende regte sich unter Führung von Adolf Jensen auch der Sängergeist wieder in den Reihen der Flensburger Straßenbahner. Alte und neue Sangesbrüder aus der stark verjüngten Nachkriegs-Belegschaft fanden sich zu gemeinsamen Gesang zusammen und im Jahre 1947 wurde der Verein neu gegründet. Im März 1949 erfolgte einstimmig die

Von Anbeginn wurde der berufsständische Gemeinschaftssinn gepflegt. Der 1907 gegründete „Klub der Straßenbahner" auf einem Betriebsausflug nach Angeln zu Beginn der 1920er Jahre (Stadtarchiv Flensburg).

Namensgebung „Gesang- und Geselligkeitsverein Flensburger Straßenbahner". Damit war beiden Interessen der Mitglieder Rechnung getragen, denn neben dem Sangesleben fand man sich gern zu Festen, Ausflügen und Weihnachtsfeiern zusammen. So erfreut sich etwa das 1968 eingeführte Grünkohlessen bis heute großer Beliebtheit.

Wohl und Wehe des Vereins und des Chores wurden über die Jahrzehnte maßgeblich von der Einsatz- und Schaffenskraft des jeweiligen Vorsitzenden und des Chorleiters bestimmt und geprägt. Der Flensburger Straßenbahner-Verein hatte auch nach dem Kriege das Glück, an seiner Spitze stets engagierte Persönlichkeiten zu wissen. Von 1947 bis 1969, also 22 Jahre, führte Adolf Jensen den Verein mit Tatkraft und Geschick. Ihm folgte der langjährige 2. Vorsitzende Friedrich Groß nach, der den Chor nachhaltig in das überregionale Netzwerk deutscher Straßenbahner-Chöre, den „Sängerbund Kommunaler Verkehrs- und Versorgungsbetriebe Deutschlands" (SBV), einband. So fungierte Groß auch als SBV-Bezirksvorsitzender Nord und schließlich gar als stellvertretender SBV-Bundesvorsitzender. 1986 übernahm Günter Kjaersgaard den Vereinsvorsitz, den er 1994 an Gerhard Künzel weitergab. Seit 1996 führen Johannes Wohlsen und Peter Stohf die Geschicke des Vereins.[73]

Der daneben bestehende Straßenbahner-Chor erfreute sich schon früh überregionaler Reputation. Als Mitglied im „Sängerbund kommunaler Verkehrs – und Versorgungsbetriebe Deutschlands" (SBV) vertrat der Chor wiederholt den hohen Norden auf Sängertreffen im ganzen Bundesgebiet. Aber auch Flensburg war mehrfach gastgebender Schauplatz für norddeutsche Sängertreffen. So feierte der „Gesang- und Geselligkeits-

Zufrieden können die Straßenbahn-Jubilare 1932 auf 25 Jahre gemeinsamer Aufbauarbeit zurückblicken (Stadtarchiv Flensburg).

verein Flensburger Straßenbahner" am 14. September 1957 mit einem großen Konzert im „Deutschen Haus" sein 50-jähriges Bestehen. Aus diesem Anlass wurde auch das SBV-Bezirkssängertreffen Nord jenen Jahres in Flensburg durchgeführt, wo sich Straßenbahner-Chöre aus Frankfurt, Bremen, Bremerhaven, Hamburg und Kiel zum Konzert und Wertungssingen einfanden. Ähnliches sollte sich im Oktober 1982 anlässlich des 75-jährigen Bestehens des Geselligkeitsvereins wiederholen, als wiederum neun norddeutsche SBV-Chöre in Flensburg für Konzert-Darbietungen zusammenkamen.

Für die musikalische Qualität, das Repertoire und die Einbindung neuer Sangesbrüder in den Chor zeichnete der Dirigent und Chorleiter verantwortlich. 1964 verlor die Sangesschar ihren über siebzehn Jahre wirkenden Chorleiter Gola, als dieser in das Rheinland verzog. Es folgte eine schwierige Übergangsphase mit wechselnden Chorleitungen, bis 1968 Arthur Petersen den Taktstock übernahm. Über sieben Jahre führte er den Chor mit großem Eifer und Können, bis er 1975 allzu früh verstarb. Nach Jahren unter wechselnder Stabführung konnte aber 1979 mit Hans Ulrich Stephan ein versierter und vielseitig aktiver Chorleiter gewonnen werden, dem für weitere Schaffensjahre Lehrer Bernd Kelling folgte.[74]

Dennoch zog das Ende der Flensburger Straßenbahn im Jahre 1973 deutliche Auswirkung auf das Chorleben nach sich. Hatten in der frühen Nachkriegszeit bis zu 46 aktive Sänger und 150 passive Mitglieder das Vereinsleben bestimmt, sank bereits im Zuge der ersten Rationalisierungsmaßnahmen im Bereich der Straßenbahn während der frühen 1950er Jahren die Zahl der aktiven Sänger bis 1957, dem 50. Bestehensjahr des Vereins, auf 36 Personen. Weitere 25 Jahre

Dem Straßenbahner-Klub „Zick-Zack" hielten nicht wenige seit der ersten Stunde die Treue (Stadtarchiv Flensburg).

Ein kurzer Schnack unter Kollegen – und schon geht's weiter (Sammlung Fischer).

Aufnäher-Logo des „Gesang- und Geselligkeitsvereins Flensburger Straßenbahner von 1907" (Stadtarchiv Flensburg).

Gemeinschaftssinn und gegenseitige Verlässlichkeit bildeten die unverzichtbaren Grundlagen des kollegialen Miteinanders der Flensburger Straßenbahner (Sammlung Aktiv Bus).

Der „Chor der Straßenbahner", hier mit Chorleiter Stephan, erfreute sich musikalischer Reputation weit über die Stadtgrenzen hinaus (Foto Hans Ulrich Stephan).

später (1982) konnten zwar noch 30 aktive Sänger gezählt werden, aber die Überalterung schritt rasch voran. So erfolgte schließlich 1995 unter der Koordination von Gerhard Künzel der Zusammenschluss des letzten zwölf Sangesbrüder mit dem Chor der Schleswag, der seither von Horst Hinrichsen als „Gesang- und Geselligkeitsverein von 1907. Stadtwerke Flensburg/Schleswag Weding" künstlerisch betreut wird. Allwöchentlich am Montag pflegen seither die heute noch achtzehn Mitglieder in den Gebäuden der Stadtwerke das ererbte Liedgut.

Zuversichtlich sieht man dem Sommer 2007 entgegen, wenn es gilt, das dann 100-jährige Bestehen dieses letztverbliebenen Traditionsvereins der Flensburger Straßenbahn feierlich zu begehen.

Einst im Alltag unverzichtbar – heute Museumsstück: Eine Flensburger Schaffnertasche mit Entwerter-Zange und Wechselgeldmagazin (Sammlung Nickel).

3. Anhang

3.1 Zeittafel zur Geschichte der Flensburger Straßenbahnen

1855–1885	Flensburger Pferde-Güterbahn auf der Hafenwestseite zwischen seinerzeitigem Bahnhof und Schiffsbrücke
08.01.1881	Konzessionsvertrag zwischen der Stadt Flensburg unter der Berliner Baufirma Reymer und Masch über den Bau und Betrieb einer Flensburger Pferdestraßenbahn
24.03.1881	Gründung der "Flensburger Strassenbahn-Actien-Gesellschaft"
01.05.1881	Eröffnung der Flensburger Pferdestraßenbahn
18.09.1905	Dienstantritt des Ingenieurs Willibald Roth in Flensburg zwecks Trassierung und Aufbau der elektrischen Straßenbahn
01.04.1906	Ablauf der Pferdebahn-Konzession nach stadtseitiger Kündigung (1904)
03.10.1906	**Abrissbeginn der Pferdebahn** und Neuverlegung der elektrifizierten Straßenbahntrasse
04.07.1907	Polizeiliche Abnahme der neuen Flensburger Straßenbahn
06.07.1907	**Eröffnung der Straßenbahnlinie 1** Terrassenstraße/ Bismarckstraße
28.12.1911	**Eröffnung der Straßenbahnlinie 2** Norderhofenden/ Flurstraße
09.02.1912	**Eröffnung der Straßenbahnlinie 3** Bismarckstraße - Kelmstraße (zunächst eingleisig)
1922	Verlängerung der Straßenbahnlinie 1 von der Terrassenstraße bis Glashütte. Verlängerung der Straßenbahnlinie 2 von Flurstraße bis Marienhölzungsweg. Zweigleisiger Ausbau der Straßenbahnlinie 3 (nach Mürwik)
21.09.1925	**Eröffnung der Straßenbahnlinie 4** Flensburg/ Glücksburg
19.04.1929	Eröffnung der Straßenbahnstrecke Südermarkt zum neuen Bahnhof
28.02.1934	**Stilllegung der Straßenbahnlinie 4** nach Glücksburg
20.04.1935	Verlängerung der Straßenbahnlinie 1 von Glashütte bis Ostseebadweg
28.11.1936	Verlängerung der Straßenbahnlinie 2 Marienhölzungsweg – Norderhofenden bis zum Kreisbahnhof (heute Nordstraße)
8.10.1943	**Stilllegung der Straßenbahnlinie 2** Marienhölzungsweg – Kreisbahnhof

9.10.1943	Eröffnung der Obuslinie Marienhölzungsweg – Wilhelmstraße
Mai 1944	Verlängerung der Obuslinie Marienhölzungsweg – Ballastbrücke
16.10.1950	Eröffnung der Omnibuslinie Solitüde – ZOB
01.04.1953	Verlängerung Omnibuslinie Solitüde – ZOB bis Matthias-Claudius-Straße
08.09.1957	Verlängerung Omnibuslinie Solitüde – Matthias-Claudius-Straße bis Sonderburger Straße
15.09.1957	**Stilllegung der Straßenbahnlinie 3** Mürwik – Südermarkt und der Obuslinie Marienhölzungsweg – Ballastbrücke Eröffnung der Omnibuslinie Mürwik – ZOB – Marienhölzungsweg
18.05.1958	Verlängerung der Omnibuslinie Mürwik – Marienhölzungsweg bis Johannisgarten
01.05.1959	Verlängerung Omnibuslinie Solitüde – Sonderburgerstraße bis Klues
12.12.1960	Eröffnung der Omnibuslinie ZOB – Fuchskuhle
26.05.1963	Eröffnung der Buslinie Johannisgarten – Bundesbahnhof
26.09.1965	Verlängerung der Buslinie von Johannisgarten – Bundesbahnhof bis Kiefernweg
23.05.1971	Austausch der Linie 4 (ZOB – Fuchskuhle) mit AFAG Linie ZOB – Kupfermühle und Gründung einer Verkehrsgemeinschaft Stadtwerke/AFAG
28.05.1973	Einrichtung einer Omnibuslinie Niehuus – Bau'er Landstraße – Am Lachsbach (bzw. ZOB) für Schüler und Berufsverkehr
03.06.1973	**Stilllegung der Straßenbahnlinie 1** Ostseebadweg – Bundesbahnhof. Einrichtung Omnibuslinie 1 Lachsbach – Twedter Plack (Johannisgarten)

3.2 Danksagungen

Ein besonderer Dank der Autoren und Herausgeber für geleistete Hilfestellungen gilt folgenden Personen und Institutionen:
Frau Hilma Backen, Glücksburg
Herr Lutz Bartoschek, Neumünster
Herrn Volker Benkwitz, Flensburg
Herrn Kurt Breuer, Harrislee
Frau Annelise Bundies, Flensburg
Herrn Dieter Dölling, Flensburg
Frau Nikoline Fuhr, Flensburg
Herrn Günter Kjaersgaard, Flensburg
Herrn Gerhard Künzel, Harrislee
Herrn Dirk Kupfer, Padborg
Herrn Hans H. Matz, Flensburg
Herrn Heinz Mayer, Flensburg
Herrn Hellmuth Mösken, Flensburg
Herrn Gerhard Moltsen, Flensburg
Herrn Gerhard Nowc, Flensburg
Frau Magda Ochsmann, Handewitt
Herr Jörg Petersen, Hamburg
Herrn Bruno Pichner, Flensburg
Herrn Thomas Raake, Flensburg
Frau Elsbeth Reichardt, Flensburg
Herrn Harry Rudow, Flensburg
Frau Schicke, Flensburg
Herr Harald Schilling, Flensburg
Herrn Friedrich Schlütter, Glücksburg
Herrn Friedrich Schreiber, Verschönerungsverein Flensburg e.V.
Herrn Peter Stammner, Flensburg
Herrn Hans Ulrich Stephan, Harrislee
Herrn Andreas Westphalen, Flensburg
Frau Wünsche, Flensburg
Freunde des Schienenverkehrs Flensburg e.V.
Weitere Helfer sind unter 3.4 „Sammlungen" erwähnt.

3.3 Bildnachweis

Die Urheber bzw. Herkunftsquellen oder privaten Bildeigner der in dieser Schrift wiedergegeben Original-Abbildungen sind im Untertext der Bilder jeweils vermerkt. Das Stadtarchiv Flensburg dankt an dieser Stelle allen institutionellen und privaten Bildgebern, sowie insbesondere Herrn Andreas Westphalen, Flensburg, für seine Bildrecherche und Bildreproduktionen. Sollten hier nicht genannte Dritte Rechte an in dieser Publikation wiedergegebenen Original-Bilder geltend machen wollen, bitte wir diese, sich zwecks Klärung an die Herausgeber zu wenden.

3.4 Archivalien, private Sammlungen und Literatur

Archivalien

Stadtarchiv Flensburg, Aktenbestand A: Alte Abteilung
Stadtarchiv Flensburg, Aktenbestand III G: Städtische Betriebe/ Straßenbahnen
Stadtarchiv Flensburg, Dokumentationsbestand XIII Dr 16a: Straßenbahnen
Stadtarchiv Flensburg, Bücherei-Bestand XIII Bü 4034-1: Städt. Verwaltungsberichte
Stadtarchiv Flensburg, Zeitungsbestand XIII Z
Stadtarchiv Flensburg, Fotobestand XIV Fot
Arkiv ved Dansk Centralbibliotek, Billederarkiv

Private Sammlungen

Sammlung Aktiv Bus, Flensburg
Sammlung Kurt Breuer, Harrislee
Sammlung Jens Christesen
Sammlung W.L. Christiansen, Flensburg
Sammlung Hans Dieter Fischer
Sammlung Reimer Henningsen, Flensburg
Sammlung Günter Kjaersgaard, Flensburg
Sammlung Karl Wilhelm Lönneker, Flensburg
Sammlung Hans H. Matz, Flensburg
Sammlung Hans Mayer, Flensburg
Sammlung Dieter Nickel, Harrislee
Sammlung Elsbeth Reichardt, Flensburg
Sammlung shz/ Armin Otto Scheich
Sammlung Werner Stock, Bielefeld
Sammlung Andreas Westphalen, Flensburg

Literatur

Boljahn/ Harbeck/ Klein/ Wegner: 125 Jahre Eisenbahn in Flensburg 1854 –1979, Eisenbahnkurier 1979

Feiler, Karl: Die alte Schienenstraße Budweis-Gmunden, Wien 1952

Schütt, Hans-Friedrich: Vor 50 Jahren: „Elektrische" löst Pferdebahn ab, Flensburg 1957.

Matthiesen, Thomas: Gründung und Entwicklung der Flensburger Neustadt (Gesellschaft für Flensburger Stadtgeschichte, Nr. 6), Rendsburg 1949

Der Stadtverkehr in Flensburg. Sonderdruck aus: Der Stadtverkehr. Fachzeitschrift für den öffentlichen Stadtlinienverkehr, Verlag Werner Stock, Brackwede, März-Heft 3/1972

75 Jahre Gesang- und Geselligkeitsverein der Straßenbahner von 1907, Flensburg 1982

Das Tor zur Heimat, Nr. 1, Flensburg 1943

Brockhaus Konversationslexikon, Leipzig 1895, Band 15, S. 416ff.

dtv-Lexikon, München 1990, Bd. 17, S. 305.

3.5 Nachweise

[1] FT, 18.11.1997.
[2] Karl Feiler; Die alte Schienenstraße Budweis-Gmunden, Wien 1952.
[3] dtv-Lexikon, München 1990, Bd. 17, S. 305.
[4] Stadtarchiv Flensburg A 475a und A 476. – Boljahn/ Harbeck/ Klein/ Wegner: 125 Jahre Eisenbahn in Flensburg 1854 –1979, Eisenbahnkurier 1979. – Sammlung Hans H. Matz: Straßenverkehr in Flensburg.
[5] Stadtarchiv Flensburg III G 1 Bd. 1.
[6] Stadtarchiv Flensburg XIII Bü 2424-5: Vor 50 Jahren. „Elektrische" löst Pferdebahn ab. Von Dr. H.-F. Schütt, Flensburg 1957, S. 16f.
[7] Stadtarchiv Flensburg III G 1.
[8] Thomas Matthiesen: Gründung und Entwicklung der Flensburger Neustadt, Rendsburg 1949.
[9] Archiv Lönneker, Flensburg.
[10] Stadtarchiv Flensburg III G 1 Bd. 2.
[11] Das Tor zur Heimat, Nr. 1, Flensburg 1943.
[12] Stadtarchiv Flensburg III G 1 Bd. 2.
[13] Stadtarchiv Flensburg III G 1 Bd. 1.
[14] dtv-Lexikon, München 1990, Bd. 17, S. 305. – Brockhaus Konversationslexikon, Leipzig 1895, Bd. 15, S. 416ff.
[15] Verwaltungsbericht Stadt Flensburg 1902-1907, S. 242f.
[16] Stadtarchiv Flensburg XIII Bü 2424-5: Vor 50 Jahren. „Elektrische" löst Pferdebahn ab. Von Dr. H.-F. Schütt, Flensburg 1957, S. 20.
[17] Verwaltungsbericht der Stadt Flensburg 1902-1907, S. 243.
[18] Stadtarchiv Flensburg XIII Bü 2424-5: Vor 50 Jahren. „Elektrische" löst Pferdebahn ab. Von Dr. H.-F. Schütt, Flensburg 1957, S. 20.
[19] Verwaltungsbericht der Stadt Flensburg 1902-1907, S. 243.
[20] Ebd.
[21] FT, 3.7.1982.
[22] FN, 9.7.1907.
[23] Moin-Moin, 30.3.1989.
[24] Stadtarchiv Flensburg XIII Bü 2474-10: Geschäftsbericht der Straßenbahn Flensburg für das Rechnungsjahr 1907.
[25] Stadtarchiv Flensburg III G 155.
[26] Stadtarchiv Flensburg III G 157.

[27] FT, 3.7.1982.
[28] Verwaltungsbericht Stadt Flensburg 1911-1926, S. 354.
[29] 75 Jahre Gesang- und Geselligkeitsverein der Straßenbahner von 1907, Flensburg 1982, S. 31.
[30] Vgl.: Der Stadtverkehr in Flensburg. Sonderdruck aus: Der Stadtverkehr. Fachzeitschrift für den öffentlichen Stadtlinienverkehr, Verlag Werner Stock, Brackwede, März-Heft 3/1972.
[31] Verwaltungsbericht Stadt Flensburg 1926-1936, S. 106.
[32] Verwaltungsbericht Stadt Flensburg 1911-1926, S. 353.
[33] FN, 3.7.1915.
[34] FT, 17.7.1965.
[35] Schartl , Matthias: Rote Fahnen über Flensburg. KPD, linksradikale Milieus und Widerstand im nördlichen Schleswig-Holstein 1919-1945, Flensburg 1945, S. 33ff.
[36] Verwaltungsbericht Stadt Flensburg 1911-1926, S. 353.
[37] Verwaltungsbericht Stadt Flensburg 1911-1926, S. 356ff.
[38] Stadtarchiv Flensburg III G 155.
[39] Stadtarchiv Flensburg III G 615.
[40] Verwaltungsbericht Stadt Flensburg 1911-1926, S. 355.
[41] Flensburger Illustrierte Zeitung, Oktober 1928, S. 1ff.
[42] Verwaltungsbericht Stadt Flensburg 1926-1936, S. 107.
[43] Verführt. Verfolgt. Verschleppt. Aspekte nationalsozialistischer Herrschaft in Flensburg 1933 – 1945, Flensburg 1996, passim.
[44] Verwaltungsbericht der Stadt Flensburg 1926-1936, S. 109.
[45] Klatt, Martin: Die dänische Minderheit. Ausgrenzung eines Bevölkerungsteils, in: Ausgebürgert. Ausgegrenzt. Ausgesondert. Opfer politischer und rassischer Verfolgung in Flensburg 1933 – 1945 (= FBZ 3), Flensburg 1999, S. 62-88, spez. S. 74.
[46] Verwaltungsbericht der Stadt Flensburg 1926-1936, S. 105ff.
[47] 75 Jahre Gesang- und Geselligkeitsverein der Straßenbahner von 1907, Flensburg 1982, S. 39.
[48] Ebd., S. 33.
[49] Verwaltungsbericht Stadt Flensburg 1939-1949, S. 80f.
[50] Ebd., S. 81.
[51] Stadtarchiv Flensburg XIII Dr 16a: Erinnerungsbericht Bruno Pichner, Brixstraße 16.
[52] Verwaltungsbericht Stadt Flensburg 1939-1949, S. 80f.
[53] Verwaltungsbericht Stadt Flensburg 1949-1953, S. 305f.
[54] Verwaltungsbericht Stadt Flensburg 1954-1958, S. 384.
[55] Stadtarchiv Flensburg XIII Dr 16a: Abschiedswidmung des Flensburger Marine-Stützpunktkommandos zur Einstellung der Straßenbahnlinie 3, 14.03.1957.
[56] Verwaltungsbericht Stadt Flensburg 1954-1958, S. 384.
[57] FT, 18.9.1957. - FT, 3.10.1957. – FT, 9.10.1957.

[58] Verwaltungsbericht Stadt Flensburg 1954-1958, S. 384f. – Verwaltungsbericht Stadt Flensburg 1959-1963, S. 345. – 75 Jahre Gesang- und Geselligkeitsverein der Straßenbahner von 1907, Flensburg 1982, S. 35.

[59] 75 Jahre Gesang- und Geselligkeitsverein der Straßenbahner von 1907, Flensburg 1982, S. 35. – Der Stadtverkehr in Flensburg. Sonderdruck aus: Der Stadtverkehr. Fachzeitschrift für den öffentlichen Stadtlinienverkehr, Verlag Werner Stock, Brackwede, März-Heft 3/1972. – Verwaltungsbericht Stadt Flensburg 1964-1965, S. 279. – Verwaltungsbericht Stadt Flensburg 1966-1969, S. 389f, 393.

[60] Verwaltungsbericht Stadt Flensburg 1966-1969, S. 393. – Fl. Avis, 29.4.1970.

[61] Vgl.: FT, 02.05. – 20.05.1970. – Sammlung Kjaersgaard, Flensburg: Flugblätter "roter punkt".

[62] 75 Jahre Gesang- und Geselligkeitsverein der Straßenbahner von 1907, Flensburg 1982, S. 35ff. – Stadtarchiv Flensburg XIII Dr 16a: Tabellen zur Verkehrszählung.

[63] FT, 31.5.1973.

[64] 75 Jahre Gesang- und Geselligkeitsverein der Straßenbahner von 1907, Flensburg 1982, S. 37.

[65] Der Stadtverkehr in Flensburg. Sonderdruck aus: Der Stadtverkehr. Fachzeitschrift für den öffentlichen Stadtlinienverkehr, Verlag Werner Stock, Brackwede, März-Heft 3/1972.

[66] Südschleswigsche Heimatzeitung, 19.10.1972. – FT, 29.3.1974. – Stadtarchiv Flensburg XIII Dr 16a: Verbleibs-Tabelle, von Dieter Nickel.

[67] FT, 29.3. 1974. – Fl. Avis, 6.7.1990. – FT, 17.3.1998.

[68] FT, 23.5.1978.

[69] Stadtarchiv Flensburg XIII Dr 16a: Verbleibs-Tabelle, von Dieter Nickel. - Der Stadtverkehr in Flensburg. Sonderdruck aus: Der Stadtverkehr. Fachzeitschrift für den öffentlichen Stadtlinienverkehr, Verlag Werner Stock, Brackwede, März-Heft 3/1972.

[70] Moin-Moin, 12.10.1989.

[71] FT, 3.6.1983.

[72] Zum Folgenden vgl.: Festschrift zum 25-jährigen Bestehen der Straßenbahn der Stadt Flensburg, Flensburg 1932, S. 9f. – Bezirkssängertreffen Nord des Sängerbundes Kommunaler Verkehrs- und Versorgungsbetriebe, Flensburg 1957, darin S. 30f: Chronik des Gesang- und Geselligkeitsvereins der Flensburger Straßenbahner. – 75 Jahre Gesang- und Geselligkeitsverein der Straßenbahner von 1907, Flensburg 1982, S. 15ff.

[73] Freundliche Mitteilung der Herren Künzel, Harrislee, und Kjaersgaard, Flensburg.

[74] Freundliche Mitteilung von Herrn Ulrich Stephan, Harrislee.